山詣り

川島敏郎著

有隣堂発行

有隣新書

79

「相州大山　子易ヨリ頂上ヲ望ム」 伊勢原市教育委員会所蔵

はじめに

昨年四月、奇しくも二つの「大山」が文化庁から日本遺産に認定された。一つはわが神奈川県伊勢原市の大山《おおやま》で「江戸庶民の信仰と行楽の地〜巨大な木太刀《きだち》を担《かつ》いで『大山詣《まい》り』〜」が、もう一つは鳥取県の大山《だいせん》で「地蔵信仰が育《はぐく》んだ日本最大の大山牛馬市」が栄冠を獲得した。また、大山は前年に自然景観ではミシュラン・グリーンガイド・ジャポンで「大山阿夫利神社からの眺望」が二つ星の評価を受けていることから、ここに名実ともに日本名山としての資質が備わったことになる。しかし、手放しで喜んではいられない。私に言わせれば、知られていそうで、実はあまり知られていないのが大山ではないだろうか。そこで、本書では大山が如何に日本遺産に相応《ふさわ》しい山であるかをいろいろな観点から立証していくことにしよう。

一九七九年、神奈川県立高等学校の教員となって以来、富士山は勿論のこと、霊峰大山までも遥拝できるという恵まれた景観の中に居を構えることになった。当初は大山への関心は極めて希薄であったが、大山信仰の研究を積み重ねるたびに大山に魅せられていった。

県教科研究会傘下に歴史分科会日本史研究推進委員会なるものがあり、私は郷土資料の教材化の題材として、大山信仰を取り上げた。先ずは大山信仰の研究史を紐解くことから着手し、その概要を把捉することに努めた。その作業過程で、大山の自然・歴史地理・文学や大山御師の活動内容に触れた論考の研究蓄積はあるものの、大山の通史について触れたものがないこと、大山信仰の根幹に相当する縁起・霊験譚が本格的に取り上げられていないこと、大山詣りに関連した旅案内書・旅日記そのものを扱った論考がほとんどないことなどに注目した。時折しも、伊勢原市教育委員会社会教育課文化財係（当時。現在は文化財課）からは大山公民館夏季講座（八月期四回）を開催したいとの要請があり、それを受諾することによって、三四年もの長きにわたる大山との関係が始まったのである。

本書で取り上げた論考は、全て大山夏季講座での講座内容をもとにして一つの形にまとめたものである。このような気持ちに立ち至ったきっかけは、二〇一一年三月一一日、一四時四六分に発生した東日本大震災による大惨事がある。当時、私は神奈川県立公文書館に勤めていた。翌日には伊勢原市立中央公民館で、「伊勢原市内の大山道と石造大山二ノ鳥居」の講演を依頼されていた。大震災の翌日（奇しくも私の六四歳の誕生日）で余震も断続的に発生する中、かなり多くの市民の方々が聴講に来て下さり、私の拙い講演をとても真剣に聞いて下さったのを今でも鮮明に記憶している。そこで、今まで怠惰に引き延ばしてきた大山研究のまとめに可及的速やかに取り組もうと、一念発起《いちねんほっき》するに至った。

読者諸氏においては、先ず大山の歴史を読み、その後は興味のある項目へと移行し、多種多様な大山の姿を感じ取っていただきたい。併せて、大方のご叱正・ご批判をいただければ幸いである。

本書をもって私の相州大山信仰の研究は終了したわけではなく、大山御師たちの廻檀《かいだん》の際の檀家帳の解読・分析や他の山岳霊場との比較など、まだまだやり残した課題は多い。再び大山から英気を養い、大山夏季講座に向けて準備を開始しようと思う。

《目　次》

第Ⅰ章　大山の歴史

良弁僧正坐像
東大寺所蔵、奈良国立博物館画像提供（撮影：森村欣司）

第一節　古代・中世の大山

原始・古代の大山

相模野の中央に聳《そび》え立つ大山（標高約一二五二メートル）は、古くから神仏の宿る霊峰として貴賤上下の間で崇拝されてきた。一九六〇（昭和三五）年の発掘調査で、大山山頂平坦部の黒土層からは縄文時代後期中葉の加曽利《かそり》B式土器片約六〇点や古墳時代以降の土師器片《はじきへん》・須恵《すえ》器《き》片、平安時代の経塚壺・甕・鏡などの遺物が発見されているが、これらについては当時の人びとの信仰の遺物であるとする説と、後世の修験者たちが宗教祭祀を行うために持ち込んだものとする説とに分かれ、未だに決着をみていない。

　文献史上に大山が初めて登場するのは、奈良時代中期の『万葉集』の東歌（三三六二番）で、「相模嶺《さがみね》の雄峯《おみね》見過ぐし忘れ来《く》る　妹《いも》が名呼びて吾《あ》を哭《ね》し泣《な》くな」と詠じられて、その山容を誇っていたことが窺われる。またの名を雨降山《あぶりさん》(阿部利山・阿夫利山)・如意山《にょいさん》・大福山ともいい、相模国内では最高峰に近い存在であることから、俗に「大山」と称された。大山の歴史的伝承としては『大山寺縁起』（仮名本《かなほん》・真名《まな》本・縁起絵巻）がある。それらによると、大山寺は天平勝宝七（七五五）年に東大寺初代別当の良弁《ろうべん》僧正が山野に分け入って開創し、聖武天皇は大山寺を国家安穏祈願の勅願寺とし、相模・安房・上総三国の租税の一部を充当させて寺院経営をさせることにしたという。しかし、元慶《がんぎょう》二（八七八）年に関東一帯を襲った大地震と、それに伴う大火で大山寺は倒壊・焼失し、同八年に天台僧の安然《あんね》により再建されたとされる。一方、阿夫利《あふり》神社の存在は、延長五（九二七）年にまとめられた『延喜式』神名帳《じんみょうちょう》に高部屋神社・比比多神社などとともに、相模国一三社の一つとして明記されている。その主神は大山という山名に由来する大山祇神《おおやまつみのかみ》で、その他に風雨・雷電を象徴する大雷神《おおいかづちのかみ》、水利を司る高《たかお》龗大神《かみのおおかみ》が祀られ、また「大山石尊《せきそん》」とも呼ばれるように、巨石が御神体とも考えられる。ちょうどこの頃から、日本固有の神祇《じんぎ》信仰と異国から伝来した仏教信仰とが融合・調和した神仏習合化の潮流が始まり、さらにその後の山岳信仰を基とした修験道が隆盛化するようになると、山の中腹に不動明王を中核とする大山寺が存在し、大山阿夫利神社を包摂して「石尊大権現《ごんげん》」と一体化した大山信仰が形成されるに至ったと考えられる。

中世の大山

中世初頭の一二世紀中頃には、大山寺は高部屋郷を本拠地とした在地武士の糟屋《かすや》氏が支配する糟屋荘内に組み込まれ、安楽寿院《あんらくじゅいん》領・八条院領内に寄進されている。鎌倉時代には大山寺は将軍源頼朝・実朝から高部屋郷・丸島郷の寄進を受け、天下泰平・武運長久などの祈祷の精誠に従事している。その後、大山寺は一時荒廃したが、文永の頃（一二六四〜七五）に東寺五重塔再建の勧進《かんじん》活動の為に鎌倉に下向していた真言宗の学僧・願行房憲静《がんぎょうぼうけんじょう》の尽力によって見事に再建された。憲静は鉄鋳不動明王坐像（国重文）を鋳造するとともに、大山寺縁起を作成し、さらには金沢の称名寺初代長老審海《しんかい》、下野《しもつけ》の薬師寺性海《しょうかい》、鎌倉鶴岡八幡宮寺の楽所《がくそ》楽人中原光氏らと雅楽・高麗楽《こまがく》からなる御流《ごりゅう》（仁和寺）式の舞楽曼荼羅供会《まんだらぐえ》を盛大に執行して大山寺を蘇《よみがえ》らせた。

室町幕府や鎌倉公方・関東管領家も前代同様に大山寺に厚い保護を加えたが、次第に大山寺は外部勢力の侵入や寺内の武力を頼む修験勢力の伸張により、学僧による一山維持は困難になっていったと考えられる。それを示す例として、南北朝時代の観応《かんのう》元（一三五〇）年、大山寺別当佐藤忠信（中務）が足利尊氏の軍勢に与《くみ》して備中国笠岡（現岡山県）にまで出陣し、凶徒退治に奔走して戦功を挙げ、尊氏から感状を受けていることが挙げられる。文明一八（一四八六）年の歳末に奥州巡歴の途中、大山に登山して止宿した道興准后《どうこうじゅごう》は、『廻国雑記』の中で、その夜の大山は寒くて眠れず、閑寂のあまり思わず和歌と漢詩二編を口ずさんだと記している。

第二節　近世の大山

大山修験と小田原北条氏

戦国時代に入ると、小田原北条氏は山岳修験者の武力と情報収集能力を頼み、富士・箱根・神縄《かんなわ》・丹沢・大山・日向《ひなた》・八菅《はすげ》などの修験集団を相模国天台宗・本山派の拠点である玉瀧坊《ぎょくりゅうぼう》（小田原市松原神社付近）の統制下に置いて、軍事力の強化を図った。北条氏が作成した『小田原衆所領役帳』（杉山博校訂　近藤出版社　一九六九年）によると、大山寺領として中郡高森郷（現伊勢原市）一七八貫四六七文が宛てがわれている。その結果、天正一八（一五九〇）年の小田原征討では、大山修験勢力は玉瀧坊配下に属し、前線基地としての伊豆国山中城（現三島市山中新田）に籠城し、城主松田康長・北条氏勝らと共に、羽柴秀次・堀秀政軍に激しく敵対したが、一日足らずで陥落した。城兵の死者は二千余人と伝えられる（『北条五代記』を参照）。

山中城落城後、豊臣・徳川軍は怒濤の勢いをもって箱根山を越え、小田原城を包囲した。それと同時に今まで北条氏の勢力下にあった駿河・伊豆・相模三国全体に秀吉の掟書を発し、当該地域の民百姓や寺社に対して懐柔策を実施して北条氏の孤立化を図り、北条氏の征討に成功した。

家康の大山大改革

家康は天下を制すると、慶長一〇（一六〇五）年、大山寺の大粛清に着手した。その具体策は、大山山中から武力をもった修験勢力を一掃して山中居住者は清僧（学僧）二五口《く》に限ること、天台宗から古義真言宗への転宗を命じること、平塚八幡宮寺の成事智院《じょうじちいん》住持、法印実雄《じつお》（小田原中村原出身、二宮等覚院開山）を大山寺初代学頭（別当）に任命して八大坊に常住させることなどであった。

法印実雄の墓

また幕府は、慶長一三年、大山寺に経済的な保護として、碩学《せきがく》領という名目で実雄に小蓑毛郷《こみのげごう》（現秦野市）五七石余を寄進し、翌一四年に前不動（現追分社）より上を清僧の修行場として設定し、山内外の檀家（檀那・檀徒）・山林・諸堂・賽銭などの諸権利を清僧のものとした。さらに翌年には寺領として坂本畠屋敷七二石余と子安村の一部二七石余、併せて一〇〇石余を御朱印地として寄進した。これは大山寺に経済的な安定を保障して仏教興隆を図り、大山寺を幕府の祈願寺・常法談所として位置付けることを意味した。

御師の活動

下山を命じられた修験勢力、なかでもとりわけ天台宗系の修験者たちは、この処置に激しく抵抗した。当初は山内での宗教活動の制限や伊勢・熊野参詣の先達を巡って、大山寺と排除された修験者との間で軋轢《あつれき》が生じた。寛文三（一六六三）年五月には、寺領内の修験者・御師らが共闘して大山寺の別当・八大坊と激しく対立・抗争する事件も発生した。そもそも事の発端は、大山から排除された天台宗系の修験五名とそれに加担した御師七名、計一二名が籠城して別当を相手取り訴訟を起こしたことに発している。やがて、幕府の寺社奉行の裁定が下り、事件に関係した天台宗系の修験・御師のうち、重罪に問われた者六名が大山六里四方から追放され、その他の者は寺領内から追放されることになった。

この事件を契機に天台宗系の修験勢力は大きく後退し、新たに大山御師として信者獲得に向けた教宣活動に踏み出した。彼らは蓑毛と大山の麓に居を構え、宿坊・土産《みやげ》物屋の経営、祈祷・配札、大山寺への取次や諸国への檀家廻り（檀廻・廻檀）などによって生活の支えを得た。その結果、大山門前町と関東甲信越・駿遠豆《すんえんず》に及ぶ大山講の信仰圏が形成された。

大山の隆盛化

江戸中期（一八世紀中頃）以降、江戸地廻り経済の活性化も手伝って一般庶民の間に寺社参詣を兼ねた物見遊山が大流行した。中でもとりわけ大山は江戸に至近距離（一八里、約七二キロメートル）にあることから人気を博した。とくに雨乞いを求める人々や水に関係した職業の火消しや鳶、石尊に因《ちな》んで刀鍛冶や大工などの職人の講が数多く結成されるとともに、漁師にはその山容が漁場や航路の目印（「山当て」「山見」）となることから格好の信仰の対象となった。大山の夏の例大祭は旧暦六月二七（二八）日から七月一七日迄の二〇日間で、この期間に限り男性だけは頂上に登ることを許された。女性は女人禁制のため、大山寺（現大山阿夫利神社下社）の所までしか登れなかった。大山詣りの便宜を図って、山麓には宿坊・土産物店が営まれたほか、大山に通じる道端には大山道標・大山燈籠・鳥居・休み茶屋・縁台などが設けられた。

第三節　幕末から明治期の大山

白川家・平田家入門をめぐって

江戸中期以降、日本人の古代精神（古道）を追究する学問研究（国学）が発展した。僧契《けい》沖《ちゆう》・荷田《かだの》春満《あずままろ》・賀茂真淵・本居宣長と継承された古道の解明は、江戸後期の平田篤胤《あつたね》の代になると、一段と宗教色を増していった。このような時代的傾向は大山の御師の間にも次第に波及し、神仏習合から神仏分離への転換を加速していったと思われる。その兆候は大山御師たちの神祇伯白川家・国学平田家への大量入門となって次第に現実味を帯びていった。

白川家所蔵『諸国門人帳』によると、大山御師で白川家最初の入門者は新町の小川監物《けんもつ》（手《て》中《なか》明王太郎・忌部景定《いんべのかげさだ》、文化八（一八一一）年）である。彼は大工棟梁でもあることから、地《じ》鎮祭《ちんさい》・手斧《ちような》式・上棟《じようとう》式などの建築に関わる神事を執行する上で、白川家とは緊密な関係をもつ必要があったのであろう。その後、文化一五年から天保八（一八三七）年にかけて、別所町の増田源之進・内海式部太夫・内海刑部太夫がそれぞれ単独で白川家に入門している。この内、両内海は「神家侍者《しんけじしや》（児捨）」と呼ばれ、御師でも神事祈祷に専従する神道系の御師である。続いて『平田篤胤全集』によると、別所町の須藤内膳（重雄とも号す。著書に『阿夫利神社古傳考』）らが国学者平田銕胤《かねたね》に入門している（弘化四（一八四七）年）。このように波状的に白川家・平田家への入門が続くなか、安政元（一八五四）年一二月二九日から翌二年一月二日にかけて大山は未曽有の大火災に見舞われた。被災を免れた建物は、頂上の本宮《ほんぐう》五社、本堂から少し離れた二重神社・喜楽坊・光円坊のみであった。一方で、その当時の大山寺は深刻な難題も抱え込んでいた。第一五代別当照道は一山騒動の責を問われて職を引退させられ、その後任も決められないまま約三〇年間も別当不在の時期が続いた。このような閉塞的な状況を憂慮した江戸幕府は、急遽箱根の金剛王院別当の覚昶《かくじょう》を大山寺第一六代別当に抜擢し、大山寺大火後の堂社再建と寺院経営の打開に当たらせた。

しかし、この施策は大山寺一二坊（第Ⅳ章第一節を参照）と白川家・平田家入門を希望する御師たちとの間に新たな軋轢を招来し、両者の対立・抗争はさらに激化の一途を辿っていった。安政年間（一八五四〜六〇）までに白川家入門希望者は四三人（その内、平田家入門希望者一〇人を含む）で、大山御師の約四分の一となり、その居住区も門前町全体に及んでいる。その後、この傾向は一時沈静化すると思われたが、慶応四（一八六八）年に突如として四八人（秦野の蓑毛御師も含む）が集団で白川家入門を希望した。それ故、この人数も含めると、全体の約五五％に相当する御師たちが、明治新政府の神仏分離令を待つことなく既に大山寺支配（一二坊体制）からの脱却を図っていたことがわかる。

騒擾の内容

そもそも、別当覚昶と白川家・平田家入門を希望する御師との紛争は、一体どのようなことから生じたのであろうか。その要因としては、別当が入門にあたって「添状」（推薦することを認めた副申書）発行を留保したことにあった。『白川家門人帳』（近藤喜博編　清文堂出版一九七二年）によると、従前から他家・他流への入門に際しては、必ず別当の「添状」が不可欠であるとする大原則があった。安政の大火後に別当に就任したばかりの覚昶は、安政七（一八六〇）年一月に一計を巡らし、これを盾に入門を認めないばかりか、御師たちに入門断念を承諾する旨の押印を強制した。この件を不当として、既入門者たちが江戸の白川殿関東執役所に申し出たため、同執役の古川将作（躬行とも号す。天王寺楽人の岡昌好の弟子）は同年九月、覚昶の申し渡しの不当性を寺社奉行に提訴した。

翌文久元（一八六一）年四月、寺社奉行板倉周防守が覚昶を召喚して尋問したところ、覚昶は御師たちの入門は差し支えなしとして一旦大山に持ち帰ったものの、病気を理由に八大坊に引き籠ってしまった。それどころか、新たに一二坊の内の喜楽坊・中之院や脇坊の宝光院が別当の代官であると称して、あれこれと異議を申し立てて譲歩しなかった。その後暫時両者間で激しい争論が展開されたが、同年末になって覚昶から執役所に「添状」を交付する旨の書付が提出され、元治二（一八六五）年二月には御師四八名に入門免許状も発行されて一山騒動は一件落着するかに思われた。しかし、それから約一か月後、覚昶が謎の変死を遂げ、その後任別当として異例にも江戸市谷《いちがや》亀岡八幡宮から応住が招聘《しょうへい》されたが、彼も在任約二年で急死するといった不可解な出来事が連続して発生した。このような混迷のなか、江戸時代最後の別当として高野山縁海院より実乗が第一八代別当の任に就き、「御一新」という荒波の舵取りを任されることになった。

明治維新期の御師の動向

慶応四（一八六八）年一月三日の鳥羽・伏見の戦い以降、薩長土軍を中心とする東征軍は有《あり》栖川宮熾仁《すがわのみやたるひと》親王を東征大総督に奉じ、東海・東山《とうさん》・北陸三道から錦《にしき》の御旗《みはた》を翻し、一路江戸に向けて進軍した。東下《とうか》の噂は瞬く間に東海道筋に伝わり、大山の御師たちはこの喫緊《きっきん》の事態に如何に対処すべきかを迫られた。数軒の御師家に残存している明治維新の記録を手掛かりに、彼らの行動の軌跡を辿ってみよう。

慶応四年三月一〇日、御師惣代の山田平馬・内海式部太夫は東海道先鋒総督兼鎮撫使《ちんぶし》橋本実《さね》梁《やな》少将に御機嫌伺いのため沼津宿に出向した。その際、大山阿夫利神社の祈祷神璽《しんじ》を献上し、嚮導方先供《きょうどうがたせんく》（先払い並びに道先案内人）を申し付けられた。同二六日には、小田原宿で三五名の御師が「官軍御先鋒御総督御迎」と書かれた旗二本と、「大山神祇隊」と書かれた幟《のぼり》二本を持って東征先鋒隊一行を出迎えた。その際、御師たちは各自大山腰札を付け、槍・長刀《なぎなた》・刀剣・陣羽織を着用した。この行動を巡っては、大山一二坊が激しく反対したが、御師たちはこれを強行突破した。翌二七日には東征軍下参謀の五百来逸平《いおきいっぺい》・藤村紫朗《ふじむらしろう》が大山を訪れ、有栖川宮の守衛を要請された。このような状況下、新政府は三月一三日に唯一神道を政事の基とする号令、翌一四日に五箇条の誓文、一七日に社僧禁止令など神道関係の諸法令を波状的に発令した。これに対し、別当実乗は一八日に弟子の教順を還俗《げんぞく》（復職名は大山勇）させ、阿夫利神社祠官《しかん》に抜擢させることによって旧体制の延命を企てた。そしてついに、二八日に神仏分離令（神仏判然令）が下った。

四月に入り、有栖川宮の東征軍が駿府城に宿陣すると、前回同様、山田・内海・成田庄太夫は惣代として祈祷神璽を献上した。その際、西郷吉之助（隆盛）より三〇〇人の兵士を差し出すよう要請された。すると、三日には大山町に正式に「神祇隊」という草莽隊《そうもうたい》（武士身分以外の尊王攘夷派・倒幕派の志士）が結成され、その内の一五名の御師と三名の神官は翌四日に参謀局より江戸城西之丸の中ノ口の屯営従事を拝命し、その隊号を「懲胡隊《ちようこたい》」と命名した。彼らは備前国岡山藩支藩の岡山新田（鴨方）藩主池田満治郎配下に属し、その任務は江戸市中の地理案内と旧幕府軍の動向を探索する情報収集であった。一方、六〇名の「神祇隊」はそのまま大山に残留した。ついで一〇日には錦の御旗（二種類・各二本）を掲げて有栖川宮を小田原宿に出迎え、ついに一一日には江戸城の無血開城により二六〇有余年続いた江戸幕府は滅亡した。

その後しばらくして関東一円の治安は回復し、七月二九日に「懲胡隊」は大山に帰山した。八月一〇日には新政府樹立に種々の貢献をしたとして、大総督府下参謀より大山阿夫利神社神主宛に酒肴料（返納金）金一五両が下賜された。

以上の経緯から明らかなように、白川家・平田家門人に所属する御師たち（全体の約半数）

は神事祈祷や廻檀で培った情報収集能力を遺憾なく発揮して積極果敢に新政府軍に加担し、従来の別当を中心とする一二坊体制を切り崩していった。やがて、彼らは新政府の下部組織に属する神奈川府（旧神奈川裁判所）の支配下に組み込まれていった。

大山の神仏分離

神仏分離令に基づき、慶応四（一八六八）年五月四日付で神祇事務局から大山寺に具体的な指令が伝達された。その内容は、山上の別当・一二坊（坊中）、不動尊まで引き払った上、寺内の人事支配体制も刷新すべしとのことであった。神仏分離が本格的に執行されるに至ったのは懲胡隊が帰山してから以降で、先ず大山不動堂跡に大山阿夫利神社下社を建立し、大山寺を「宝珠山明王寺」と改称させて来迎院地に移建し、本尊を同所仮殿に移すことを決定した。次に御師はすべて神職としての「禰宜《ねぎ》」と改称させ、ここに新たな神社組織を構築することになったものの、禰宜としての格付け（家格）をどのように決定し位置づけるかという新たな課題が生じた。

事の発端は、四月一二日に新政府関係者が大山寺を訪れ、時の役寺である中之院（一二坊の一つ）に対して、白川家門人となった入門年次を基準にして禰宜を上下に二分するよう進言したことから始まる。これを受けて翌々日の一四日に門人関係者会議が開かれ、上分（祠長）・

下分（社中）を決定しようとしたところ、下分から不満が噴出した。そこで懲胡隊が帰山してから、別当と白川家門人中の古参株との間で一一月一七日に再度会議を開き、禰宜の家格及び神事の際の配当を七等級に区分にする旨の決定を行い、各自の調印を完了するまでに至った。これで一件落着したと思われたが、明治二（一八六九）年に神奈川県から大山へ神仏混淆・社地などの実態把握調査のための県官が派遣されたのを契機として、禰宜の家格を巡る内紛が以前にもまして熾烈化していった。

禰宜の格付けを巡って山内が混乱している最中、もう一つ厄介な問題が舞い込んできた。それはイギリス領事館一行が自然散策を楽しむために大山を来訪するという情報がもたらされたことである。実際、一行は明治元年一〇月六日に女性一人を含む七人でやってきた。大山町では二人の役人を案内役として待ち受けていたが、彼らは案内の必要はないとして拒絶した。挙句の果てには勝手に登拝門の鍵をこじ開けて、そのまま石尊宮に参拝して帰還し、宿所の上粕屋村子安の鶉川（紙屋）九兵衛宅に戻った。この光景を実見した大山の大工で著名な手中明王太郎は、この外国人たちの傍若無人《ぼうじゃくぶじん》の行動にいたく憤慨して、本宮（頂上）への登山は何百年も女性の参拝は禁止されており、男でも夏山以外には扉を開けることは禁止されているというのに、外国人たちは自分勝手に登山し、しかも扉も開けっ放しである。この先、日本はどうなるのか、大変残念極まりない事件である、と不満をぶちまけている（手中道子家文書、『手中明王太郎日記』所収)。

幕末からの度重なる騒擾で、当時の大山の禰宜は神主(旧仏教側の重職)・二〇人組・二八人組・四七人組・その他と四分五裂の危機的状況下にあった。そこで、このままでは夏の例大祭の開催が危ぶまれるとの判断から、係争を一時的に中断して急遽大同団結することにした。幾度か開かれた寄合会議では、大切の神務に支障が生ずるのは不本意であることを相互に意志確認し、祭礼中に参詣人に配付する半紙札は本年に限り禰宜方から檀家に配付し、その収益分として金三〇両を神主・大山勇の許に献納するとし、その他の項目については後日に一切異論を申し立てないとの合意書を神主に提出した。その他の合意項目をまとめたものが「恒例祭典諸用覚」(『猪股儀太夫歳中日記』所収)であるが、それには前社・奥社・諸末社の仏名号を祭神号に改正すること、女人の登山を祭礼中に許可すること、良弁滝の名称を諏訪滝と改称すること、本宮・坂・茶屋・滝の運上などは仕来り通り取り立て禰宜が立ち合い神主方へ預かり置くこと、本社・脇宮および土産札の板木《はんぎ》彫刻のことなどが規定されている。この規定から、この時点の大山では、まだ神仏分離が本格化していない様子が窺われるが、一つの契機になったことは確かであろう。

禰宜の家格をめぐって

例大祭が無事終了すると、九月には禰宜間で抗争が再発した。この係争に加わった主な禰宜集団は、①二〇人組・②二八人組・③四七人組である。所轄の裁判所は、彼らそれぞれが示談に持ち込めるような内容を盛り込んだ「心得書（覚書）」を神主宛てに提出するよう求めた。ここで、三者三様の言い分を整理して提示しよう。

①二〇人組：「重立」ともいわれ、白川家門人中で最古参の禰宜

　白川家門人の禰宜九三人を上通・中通に二分、それ以外の禰宜四八人は次席扱い、これも上通・下通に二分。禰宜の内職・店商売は必ず届け出。礼節の衣服・普請・祝儀・不祝儀などは慣習通りに改正。惣代は福永町奥村三郎太夫・新町成田庄太夫。

②二八人組：安政三（一八五六）年～慶応元（一八六五）年までの白川家門人の禰宜

　家格は七等級を三等級（神主・禰宜上・禰宜下）に。惣代などの役職は全員の入札で選定。従来の決定事項は全て無効とし一切を神主に一任。明治元（一八六八）年の白川家入門時の上納金の調査を実施。惣代は福永町鈴野善太夫・新町安田寛太夫。

③四七人組：白川家門人から①・②を除外した禰宜

　家格は皆平等。神勤の有無により上通・中通に分類、それ相当の配当を平等に付与。上・下両社神勤の差配役および神主は禰宜全体の入札により選定。従来の決定事項を記した書類は全て焼却処分。惣代は坂本町武《たけ》栄太夫・別所町三橋采女・同内海平太夫。

上記三者が提出した文書に依拠して、九月二六日、神主は「熟談内済之覚」(武春男家文書)を作成した。それを箇条書きすると、以下のようになる。

一、禰宜の家格は平等、神勤者は上通、そうでない者は中通、勤務成績により入れ替え。

一、従来の決定事項関係書類は全部神主に提出、焼却処分。

一、前・奥社(上・下社)の収納・配当は神勤者のみ。

一、昨春の東征大総督有栖川宮時、その他の諸勘定は速やかに清算。

一、白川家入門金・昇進金・家督金として徴収した金は各自へ速やかに返戻。

この神主からの示談提案に、二〇人組の禰宜たちは旧家格にあるような上通・中通の分類に拘泥して引き伸ばし戦術を続けたが、約一年有半にわたる大山の内紛は最終的には大筋二八人組・四七人組の禰宜たちの主張を受け容れる形で一〇月に一応の結着をみた。これにより、従来の家格決定の際に基準とされた白川家門人・平田家門人であるか否かはその存在理由を失った。

示談成立から半年後の明治三年四月、大山全山を対象とした「山法規定書」(大藤直兄《だいとうなおえ》家文書)が制定された。これには、神主・執預《しつあずかり》(神社の執行部)や上通・中通の禰宜(神社への神勤者)の職務内容、山内での諸祭の区分、口上書や忌中届の書式(服務規定)のほか、神社への奉納金や各祭礼での収入の分配などが規定され、次第に神社組織が整備されていく様子が窺われる。

翌四年には全国の寺領没収令も発令され、大山町内では茶湯寺《ちゃとうでら》（来迎寺）を除く七か寺が一気に廃寺となった。廃仏的傾向が一段と強まるなか、「明王寺（旧号大山寺）」別当実乗、大山勇は必然的に大山から姿を消さざるを得なかった。そしてついに、明治六年に「宝珠山明王寺」は元来迎院のあった地に全て引き移り、住職の神谷叔弁《しゅくべん》が第一九代として寺院経営に従事した。

権田直助の略歴

権田直助《ごんだなおすけ》は、文化六（一八〇九）年一月一三日、武蔵国入間郡毛呂本郷《もろほんごう》（現埼玉県入間郡毛呂山町）で生まれた。若い頃は古医（漢方医）道を学び、昌平坂学問所で安積艮斎《あさかごんさい》に就いて漢学を修めた。二三歳の時、医道修行のために諸国遍歴の旅に出た。二九歳の時に復古神道の提唱者である平田篤胤の門下生となり、かなり長期にわたって古医方関係の著作に専念した。しかし、五〇歳を過ぎて上京し、この頃から急激に尊王攘夷に盛んに傾斜していった。この間、長州藩の要人とも接触し、元治元（一八六四）年の禁《きん》

権田直助翁の像

門《もん》（蛤《はまぐり》御門《ごもん》・元治甲子）の変で長州軍が薩摩軍に大敗北を喫すると、一旦は帰郷した。慶応二（一八六六）年に薩長同盟が成立してからは、尊王攘夷派の落合直亮《なおすけ》・相楽総三《さがらそうぞう》（赤報隊《せきほうたい》を結成して年貢半減令を布告して進軍したが、「偽《にせ》官軍」として下諏訪で処刑された）らとともに、江戸の薩摩藩邸に出入りして謀議を重ねた。戊辰《ぼしん》戦争では、征東大将軍仁和寺《にんなじ》宮《みや》嘉彰《よしあき》親王《しんのう》に供《ぐ》奉《ぶ》して大坂に赴き、ついで四国・中国鎮撫使四条隆謌《たかうた》・五条為栄《ためひで》の二卿《きょう》に仕えて姫路城を奪取し、さらに岩倉具視《ともみ》の内命を受けて、関東の内情を偵察するために東下し帰郷した。その後、明治二（一八六九）年には白川家の学館において皇学を教授したり、弾正台《だんじょうだい》の設置を建白したほか、神田神保町にも私塾名越廼舎《なごしのや》を開設した。しかし、同四年に国事犯の嫌疑《けんぎ》により前田邸内に幽閉された上、免職・位記返上を命じられた。その後、本籍での謹慎処分となったが、翌五年に処分は撤回された。そして、同六年に大山阿夫利神社の初代祠官に就任した。

権田直助の山内改革

直助が祠官として着任すると、大山の神仏分離はいよいよ最終段階に入った。彼が祠官として迎えられた背景には、権田の門人でもある二〇人組・二八人組からの早い段階からの要請が介在したと思われる。

権田の大山での改革内容は、概ね以下の四つに集約できる。

①大山阿夫利神社の社格昇進：郷社を県社に（明治六〔一八七三〕年八月八日付、足柄県から権田ら宛「急廻状《いそぎかいじょう》」『猪股儀太夫歳中日記』所収）。

②「報徳集成大山敬神講社」の結成：衆人結合・家族融和・神祇崇敬に基づく新しい大山講の結成。「報徳集成大山敬神講社規則」（明治一〇年、同一五年改訂）の制定。

③倭舞《やまとまい》・巫子舞《みこまい》の導入：春日大社直伝の神前神楽。権田は当時たまたま相模国寒川神社に赴任していた春日大社々人の富田光美《みつよし》に孫の一作を弟子入り志願させて、この両舞を直々に伝習させた。『楽所日記』によると、富田は篳篥《ひちりき》・笙《しょう》に優れた天王寺方の雅楽家東儀文均《とうぎふみなり》（一八一一～七三）や既述した白川殿関東執役の古川将作とも親交があった。

④「開導記」（大山阿夫利神社文書）の作成：師檀関係の詳細な調査と掌握。明治一六年作成か。これによると、檀家数は一二府県一四九郡、六九万四一二八戸に達す。

祠官着任後、権田は明治一二年に官幣《かんぺい》大社三島神社宮司を兼任し、静岡県神道事務分局長・神奈川県大山神道分局長を経て、同一五年に皇典講究所（國學院大学の前身）文学部教授、後に同文学部長に就任した。権田は明治二〇年六月八日に死去するが、諡号《しごう》は「可美眞道千知大《かみのまみちせんちう》人《し》」と命名され、その墓は赤松山の麓の権田公園の一角にある。

明王寺上棟式・入仏式

明治維新政府の神仏分離政策により、仏教寺院は受難の時代を迎える。既述したように、雨降山大山寺は宝珠山明王寺と改称させられた上、女坂の途中の旧来迎院地に移転させられて以来、しばらくは仮堂住まいのままであった。寺の呼称も明王寺それ自体を単独で名乗ることはごく稀で、明王寺・来迎院、一一坊（別当・八大坊を除く大山寺の学僧）の内で名跡がかろうじて残った喜楽坊・中之院・橋本坊・広徳院・授得院・常円坊の六坊を併せて「八カ院」と総称する場合が多かった。移転先はその当時「八幡坦（平）」と呼ばれるやや開けた平地で、そこは開山以来墓地として使用され、卵《らん》塔・五輪塔・瑞垣《みずがき》などが建ち並んでいた。しかし、祈祷寺に接して墓地を残して置くわけにもゆかず、ほとんどの墓石を処分し、さらに後山《うしろやま》を開削して寺を造営するための伽藍用地を確保した。その時に取り壊された墓石などの石造物は現大山寺下周辺の通路沿いに痕跡を止めている。

ようやく移転先も決まり、寺の再建に向けて浄財の募集が急がれた。そこで、「八カ院」が中心となり、一部の先導師（旧御師）の協力を得て大堂再建協会が設立され、各地の大山講の講中から寄附金の募集を行った。しかし、神仏分離の時節柄も手伝ってか思うような成果は上がらなかった。そこで、上粕屋村峯岸の山口書輔らは神奈川県内各地の豪農・豪商らに働きかけて、株式の募集を呼びかけた。彼らが提起した「大山協会募集金規則」によると、その意図

するところは、
一、募金目標を三万円とし、一枚一〇円の株券を発行する。
一、償還は一年据え置き後満六年を以て行い、利子は年七朱とする。
一、償還は募集金の六分の一に当たる分を毎年抽籤で当籤者に順次行う。
などという内容であった。この呼びかけは好評を博し、募金目標を大幅に超過する成果(三万二三二〇円余)をもたらした。

浄財の調整やケヤキの巨木の寄進の目処《めど》がつき、明王寺大堂(不動堂)の建立は明治九(一八七六)年の手斧始めを端緒に、足掛け九年の歳月をかけて、ついに同一七年一一月二一日から二三日にわたる上棟式を迎えた。大堂での上棟式には県令沖守固《おきもりかた》のほか県官吏、大住・愛甲・淘綾《よろぎ》三郡長、県会議員、横浜など諸新聞記者や沢山の群衆が詰めかけ、御神酒《おみき》・供物《くもつ》などが振る舞われた。祝賀の余興として、大山町・上粕屋村・子易《こやす》村・伊勢原村一町三か村では、花火・松明、能・狂言、撃剣会、競馬などが催され、大山道は一五里(約六〇キロメートル)にわたって連夜燈明が点された。実に久方ぶりに大山に活況が甦った瞬間であった。

それから丁度一年後、同一八年一一月二一日から七日間にわたる入仏(遷仏)式が挙行された。上棟式同様、さまざまな余興や記念品の贈呈などが各所で行われ賑わいをみせたが、なかでもとりわけ大山山頂で修験者たちが期間中焚いた柴燈《さい》(採燈)護摩《ごま》の煙は五里四方からも遠望す

日本でのスケッチ：大山の寺で子犬に餌をあげている図　「THE ILLUSTRATED LONDON NEWS, NOV. 29, 1873」から

ることができ、注目を浴びたという。

この上棟式・入仏式を取り仕切ったのが明王寺第二一代別当岡謙浄《おかけんじょう》（大山寺一一坊の一つである喜楽坊の供僧）で、引退後は光明院（現伊勢原市東大竹）に移り、同二七年に遷化《せんげ》した。当寺には安政の大火、廃仏毀釈《はいぶつきしゃく》を奇跡的に免れた木造不動明王坐像（寛永一八〔一六四一〕年造立《ぞうりゅう》、願主賢空〔喜楽坊初代〕・仏師三橋守時〔鎌倉仏師〕ら六〇名の寄進）がある。また、明王寺の建立に専従した大工の棟梁は大山の宮大工として著名な手中明王太郎景元で、寺向背階段上大扉右側の太柱を見上げると、獅子の部位に「八拾九代　手中明王太郎（景元）納之」と、その名が刻まれている。さらに木鼻《きはな》・虹梁《こうりょう》などの彫物師は江戸時代後期に江戸の本所（現東京都墨田区）を拠点として活躍した後藤敬信である。

明治中期以降の大山

明治二二（一八八九）年の市制・町村制の施行により、伊勢原地域には伊勢原町・大山町、高部屋村・比々多村・成瀬村・大田村・岡崎村（但し、大句・馬渡のみ）の二町・五村が新たに誕生した。新制なった大山町は戸数三四四戸・人口一八六七人からなり、その区域は新町にある青銅製鳥居より上の旧大山町に子易村子易明神上を包括し、初代大山町長には高尾幸弓が就任した。また、同年には東海道本線が全線開通したことにより、鉄道を利用した新しい形の大山詣りが流行した。その結果、平塚駅が東京・横浜方面や小田原・熱海方面からの参詣人の新しい玄関口として脚光を浴びた。明治四〇年には旧大山寺の跡地に大山阿夫利神社拝殿の建築工事が起工され、三年後には竣工の運びとなった。また、同年には別当・八大坊上屋敷旧跡地（現東屋がある平地付近）のすぐ上手に日清・日露戦争などの戦没者を祀った中郡（明治二九年、大住・淘綾両郡合併により発足）招魂碑も建立された。但し、この碑は戦後の一九四八（昭和二三）年にＧＨＱ（連合国軍最高司令官総司令部）の指令により撤去された。

第四節　大正期の大山

雨降山大山寺の復権

明王寺としての伽藍は完成したものの、明治時代全般を通じて旧称の「雨降山大山寺」という山号・寺号を名乗ることは認められることはなかった。大正時代に入り、観音寺の名跡と合併する手続きを経て、ようやく旧山号・寺号を回復するに至るのは、一九一五（大正四）年のことで、大山寺を明王寺と改称させられてから半世紀ぶりの復権であった。

翌一九一六年には伊勢原電気株式会社が創立され、翌年には伊勢原町への電気供給が可能となり、同年大山にも大山電気株式会社（水力発電）が開業した。続いて一九二〇年には伊勢原自働《(ママ)》車運輸株式会社が営業を開始し、伊勢原―大山（子易明神前）間にバスを運行するようになり、大山詣りはますます便利になった。その後、大山の石段外し作業が這子坂・諏訪坂辺《あた》りまで進み、一九二五年には青銅製の三ノ鳥居（町火消のせ組が寄進したことから「せ組の鳥居」ともいう）の所までバスで行けるようになった。しかし、それから先は階段を登るしかなく、徒歩で進むか、駕籠を利用するしかなかった。

関東大震災と大山

一九二三（大正一二）年九月一日午前一一時五八分、房総・三浦半島沖を震源域とする大地震（マグニチュード七・九）が一府八県を襲った。『伊勢原市史　通史編　近現代』によると、この大地震による現伊勢原市域内の被害状況は、死者・行方不明者一二八人、負傷者一二九人、全壊戸数一六一五戸となっている。ところで、大山町での被害状況はどうであったのか、またこの大惨事に地元住民はどのように対応して復旧・復興に臨んだのか、大山坂本町の箱﨑定正ら四名が書き残した『大正十二年九月一日　天災記事録　坂本町』（箱﨑周子家文書）から災害時の様子を摘録してみよう。

大山町の惨状　『神奈川県震災誌』から

①大山門前町の被災状況

山間・谷間に位置する大山では、震災当日の九月一日の被害もさることながら、その後の豪雨が波状的にもたらした山津波や土石流による二次的な災害の方がはるかに激甚であった。特に、九月一五日のそれは、良弁滝から霞《かすみ》橋付近までを泥流で埋め尽くし、開山町・福永町・新町では若干の家屋を残して河原と化すほどであった。

②災害時の心理状態

災害当初は自分自身が慌てふためき何も手に付かないような状態であったが、次第に周囲や外部にも目を配れるようになった。やがて、所轄の監督庁に積極的に働きかけ、復旧・復興に向けて勇気を奮い立たせようとする姿勢がみられるようにもなった。ただ、震災時に被災地の各所で飛び交っていた朝鮮人来襲の流言蜚語《りゅうげんひご》は大山町にも伝えられ、消防団員らが武器を用意して日夜警戒にあたった。

③救援物資・義捐金《ぎえんきん》の支給

震災の一週間後に伊勢原町から大山町へ食糧が給付された。特に徳島県・香川県、兵庫県神戸市や近隣の村々からも衣食住に欠かせない生活必需品や慰問袋などが寄せられた。また、罹災者には大山町役場、さらには大正天皇から程度の差はあれ応分の義捐金が支給された。

④復旧・復興作業の取り組み

大山町内に大山復興会なる自主組織が結成され、大山町の上分から計画的に川の整理・整備、架橋、道路普請などの作業が推進され、着々と成果を上げていった。また、所轄の神奈川県による本格的な大山の砂防工事も開始された。

⑤死亡者慰霊祭の執行

震災発生から約三か月後の一二月九日、一つの区切りとして、震災・水難による死亡者一二名を弔う合同慰霊祭が、神道大山分局・大山町役場主催により大山小学校で行われた。大山阿夫利神社自体の被害状況も次第に明らかとなり、頂上の本社本殿は安泰であったものの、前二社の大雷神社・高龗神社は倒壊し、大山中腹にある下社拝殿およびその周辺の建物も倒壊した上、二重滝の脇にあった二重神社がご神木の鉾杉とともに流失した。被害総額は約一五万円と算定された。神社側はこの惨状を一刻も早く脱却すべく、大山阿夫利神社敬神講社本部を介して、各地の敬神講社に「相州大山慰問袋」と記された別袋を配布し、義捐金の供出を呼びかけたり、大復興祭を執行したりした。

第五節　昭和期以降の大山

交通の発達

昭和期に入り、一九二七（昭和二）年に小田原急行鉄道小田原線が全線開通すると、平塚駅に代わって新たに伊勢原停車場（伊勢原駅）が大山詣りの主要な玄関口になった。これにより、駅周辺の集客は勿論のこと、首都圏からの日帰りの大山登山・大山詣りが可能となり、乗合バスの利用者も急激に増加した。

一九三一年、神奈川県内で景勝地をもつ市町村団体と交通業者は神奈川県観光連合会なる組織を立ち上げた。これに大山町とともに参加した大山鋼索鉄道株式会社は、同年大山ケーブル

「大山ケーブルカー（不動尊驛）」
伊勢原市教育委員会所蔵

カーの開業に踏み切った。現在では、始点大山ケーブル駅から大山寺駅を経由して終点阿夫利神社駅まで全長八〇〇メートル、標高差二七八メートルの急勾配を所要時間僅か約六分で登ることが可能となっている。またこの年、小田原線・大山ケーブルカー開業を記念して伊勢原駅北口に青銅製の大鳥居が建立された。大山ケーブルカーの開通にともない、多くの大山詣りの客が殺到することが見込まれることから、大正期に引き続いて石段の撤去作業は必至となった。翌年、その可否を問う町民大会が開催され、更なる石段の撤去が決まり、一九三五年には梅原橋を渡ってすぐの所にある大山駅までバスの運行が延伸した。

かくして、大山にとっては明るい未来が開けるかと思われたが、アジア・太平洋戦争が進むなかで、諸物資の枯渇は深刻を極めた。一九四一年には国家総動員法に基づく金属類回収令が発令され、大山ケーブルカーは線路などの供出のために一九四四年から営業の中断を余儀なくされた。営業が再開されたのは一九六五年のことで、それから開業五〇年を記念して二〇一五（平成二七）年にケーブルカーは全面リニューアルされ、素晴らしい眺望が楽しめるようになった。

バス路線延伸の方も戦争遂行を最優先としていたので石段の撤去作業は中断していたが、戦後になって再開され、一九六五年までに大山川右岸の整備も完了して、翌年に稲荷町に待望の大山ケーブル駅のバスターミナルが完成した。その結果、その先の石段状のこま参道をしばらく登っていけば、大山ケーブル駅に辿り着けるほど便利になった。

ごく最近、大山周辺は大きく様変わりしつつある。江戸時代後期、各地からの大山道の結節点であった石倉不動堂周辺には、二〇一八年の完成を期して、新東名高速道路、国道二四六号線バイパス、大山新道（県道六一一号線・大山板戸線）の三幹線道路のインターチェンジが出来上がることになっている。二〇一六年に文化庁から日本遺産に認定された大山詣りの追い風になれば幸いである。

大山における戦争余話

一九四四（昭和一九）年、サイパン島・マリアナ諸島などが陥落すると、一一月以降、アメリカ軍Ｂ29による本土空襲が激しさを増した。その結果、神奈川県下の横浜・川崎・横須賀市では空襲に備えて学童疎開・建物疎開が急がれた。神奈川県での学童疎開は全員を神奈川県内各地で請け負うことに決定し、その内、大山では同年八月から翌年一〇月まで川崎市宮前国民学校など九校の学童二五九二人が親元を離れ、大山の宿坊に分宿して集団学童疎開生活をすることになった。その間、一九四五年に米軍戦闘機が投下した爆弾の破裂片を受けて、分宿していた川崎市旭町国民学校の児童一名と地元の大人二名が死亡するという悲惨な事件があった。戦争は同年八月一五日で敗戦を迎えたが、疎開解散四〇周年を記念して、一九八五年、学童疎開を受容してくれた全地域の方々への感謝と世界平和を祈念して、当時の疎開児童・教職員などによって、大山阿夫利神社拝殿の左手に「輝け杉の子像」が建立された。併せて同年、『輝け杉の子—むらぎものたぎつ思いを—』という文集も出版された（川崎市学童疎開記念碑建設実行委員会刊）。

戦争に関係したものとして、もう一つ青い目の人形のことを紹介しておこう。この人形は日米関係の悪化を回避して新たな親善関係を構築しようという趣旨で、一九二七年にアメリカの子どもたちから日本の子どもたちに「友情人形」として贈られてきた人形である。その数は一万二七三九体にも上り、その内の一六六体が神奈川県下の学校に配付された。その後、日米関係は悪化の一途を辿り、「友情人形」は「敵性人形」と見なされて焼却・廃棄処分を命じられ消失していった。敗戦以降、青い目の人形の存在は記憶のはるか彼方に葬り去られていたが、一九七三年に群馬県利根東《あずま》小学校でその存在がテレビ放映されたのを契機に、全国で三二一体（二〇〇七年現在、神奈川県は一二体）が残存し、その九九％はコンポジション・ドール（パルプ・おが屑・ニカワ・粘土などを混合させ、型抜きして彩色した人形）であることが明らかとなった。今世紀になって、伊勢原市の大山小学校にも「ルース・ジェーンちゃん」と名付けられた青い目の人形が存在し、しかも驚くべきことに、この人形は日本のモリムラ・ブラザーズ（精磁会社の現ノリタケの前身、人形の肩の部分に「ノリタケ」の刻印あり）が戦前にアメリカ・カナダへ輸出した約三〇〇万体の内の一体で、さらに他とは異なり、ビスク・ドール（頭部・手が磁器製人形、身長約四〇センチメートル）であることも判明した。危機的な状況下に瀕した人形の存在に心を痛め、英知と勇気を振り絞って行動した人に救われた「ルース・ジェーンちゃん」は、正に奇跡の人形といっても過言ではない。

第Ⅱ章　『大山寺縁起絵巻』を読み解く

大山寺縁起絵巻　伊勢原市教育委員会所蔵

第一節　大山寺縁起について

大山寺縁起の成立はいつか

「縁起」の意味を辞書で調べると様々な意味があることがわかるが、本書では寺の草創の由来・沿革に関係したものと考えて論を進めることにする。

これまで大山寺縁起の原本がいつ頃作成されたかについては長い間不明のままであった。しかし、神奈川県立金沢文庫所蔵の「長井貞秀書状」（『鎌倉遺文』第三〇巻、『伊勢原市史　資料編　古代・中世』文書番号八七）から、その作成時期を絞り込むことができるようになった。書状には、武蔵国金沢（現横浜市金沢区）にある称名寺の第二代長老明忍房剱阿《みょうにんぼうけんな》が徳治二（一三〇七）年と思われる年に大山寺に参詣した際、大山寺から縁起一巻（真名本か）を拝借し、それを長井貞秀（一五代執権北条貞顕の従兄弟で関東評定衆）が借用し、さらに自分の母である慈性《じしょう》にもお見せしたい、とある。このことから、私は一三世紀末期〜一四世紀初期にはすでに大山寺縁起なるものが存在していたと考える。

真名本『大山寺縁起』について

大山信仰が隆盛した背景には、大山寺開創に関わる縁起の民間への流布があったと考えられる。縁起には漢字のみの表記による真名本と、漢字・平仮名交じり表記による仮名本（縁起絵巻も含む）の二系統がある。管見の限りで大山寺縁起の現存状況を示すと、《表Ⅰ》のようになる。これによると、真名本は寛永一四（一六三七）年の年記をもつ『大日本仏教全書』を始めとする一〇点、仮名本は享禄五（一五三二）年の年記をもつ平塚市博物館本を始めとする一四点、合計二四点が確認できる。

真名本の内容は、後述する『大山寺縁起絵巻』とそれほど大差はない。そこで、ここでは仮名本には全く触れられていない、修験者の修行空間を具体的に説明している部分（縁起本の後半部分）に着目して紹介する。実際の原史料（『續群書類從』一一七所収「大山寺縁起」）は漢文体で表記されているが、便宜上これを口語訳（括弧内は筆者の注記）にして示すことにする。

（前略）当山（大山）には霊所などが多い。二重の滝の下にさらに滝がある。これを雷の滝という。滝の形は溝から浪《なみ》を吐き出しているように見える。滝が音を立てると雲が起こる。雲が起こってもそれを崇めないとしばらくして雨が降る。滝の前に四角形をした珍しい石がある。そこも浪立っているので、石の表面には苔は生えていない。石面の様相は良質の銀の様である。

表Ⅰ『大山（寺）縁起』（仮名本・真名本）所在目録

No.	所蔵（収載）	分類	年記・奥書など
1	平塚市博物館本	仮名・絵巻	享禄五（一五三二）年 詞書筆者…祐賢坊乗真 施入先…大源坊・東学院
2	伊勢原市教育委員会本	仮名・絵巻	貞享元（一六八四）年 詞書筆者…斎藤一器・岩崎玄周 施入先…實蔵坊玄浄（丸山要助） 絵筆者…清水七之丞・七右衛門
3	藤沢市教育委員会本	仮名・絵巻	元禄一二（一六九九）年 詞書筆者…橘盛林 施入者…繁盛坊
4	神奈川県立歴史博物館本	仮名・絵巻	詞書筆者…橘盛林
5	大山阿夫利神社本	仮名・絵巻	
6	手中道子家本	仮名・絵巻	
7	内海景弓家本	仮名・絵巻	
8	勝楽寺本	仮名・絵巻	詞書筆者…平岡伊織頼経 施入者…法眼祐泉坊

9	奈良家本	仮名・絵巻	
10	国立公文書館本	仮名・詞	正保二（一六四五）年
11	猪股三郎家本	仮名・詞	慶安二（一六四九）年、安政二（一八五五）年写 詞書筆者…神尾小左衛門尉保次
12	金沢文庫本	仮名・詞	元禄七（一六九四）年 施入者…神崎清誉
13	東大史料編纂所本	仮名・詞	大正一〇（一九二一）年、謄写本
14	内海景弓家本	仮名・詞	
15	大日本仏教全書本	真名	寛永一四（一六三七）年
16	内海景弓家本	真名	正保二（一六四五）年、秀圓坊所持本
17	勝楽寺本	真名	正保二（一六四五）年
18	佐藤良次家本	真名	慶安三（一六五〇）年三月 筆者…大験坊貞快
19	平塚市博物館本	真名	延宝五（一六七七）年
20	東大史料編纂所本	真名	
21	大山阿夫利神社本	真名	筆者…大山寺第四代別当隆慶
22	宮内庁書陵部本	真名	
23	静嘉堂文庫本	真名	
24	續群書類従本	真名	

それを御坐石《みざいし》と名づけている。そこは竜神が居る石《を》である。傍《かたわら》に滝がある。五つの山が周囲を取り巻いて聳え立っている。そこには五大明王（不動・降三世《ごうさんぜ》・軍荼利《ぐんだり》・大威徳《だいいとく》・金剛夜叉《こんごうやしゃ》明王のこと）が配置されている。その一つを雷岳という。もし人がこの山に登ると、直ちに震《ふるい》死《じに》する。雷岳の下に岩窟がある。ここは奥深くてよくその奥の方を探ることはできない。これを蝙蝠岩屋《こうもりいわや》という。蝙蝠が群れをなして翔《と》んでいる。そこには鐘がある。常に修行者に出遇《あ》う。是では、昔、四十九院《しじゅうくいん》（弥勒兜卒天浄土《みろくとそつてんじょうど》を象徴する建物）の通例の勤めとしてこの鐘を撞《つ》く。それは同時に覚醒させるための鐘でもある。本宮（大山山頂）には不思議な池がある。姿形が現れる場合もあるし、姿形が消える場合もある。そこにはつねに神がおり、石尊権現と名づけている。

本宮の北東に岩窟がある。金色仙窟《こんじきせんくつ》と名づけられている。金色仙人がゆったりと気の向くままに楽しんでいる。五大明王は真言宗でいう両界（金剛界・胎蔵界《たいぞう》）の大日岩窟に坐っていらっしゃる。岩窟の東には高い山がある。妙法岳《みょうほうがたけ》（大山三峰）と名づけられている。本願上人（良弁）が如法経を一部奉納したことからこのように命名されたという。一つには修行者は常にこの岳に出現して法華経を読誦《どくじゅ》している。音声《おんじょう》は今でも絶えることはない。その声が時々聞える。さらに、西の下に仙窟がある。諸仙がのんびり過ごしている所である。奇峰《きほう》があるが、祖母山《そぼさん》（以下、丹沢表尾根から丹沢山の記述）と名づけられている。常に人に遭う。そこからあまり遠くない所に高い山がある。大日岳と名づけられている。次に岩窟がある。岩窟内に両部の大日如来が坐っていらっしゃる。次に聖天《しょうてん》が坐っていらっしゃる深洞《しんどう》がある。南の下に高い岩がある。不動窟と名づけられている。次に塚がある。十羅刹塚《じゅうらせつづか》（鬼ケ岩か）と名づけられている。そこでは仙人が常に姿形を現す。次に高い山がある。烏瑟岳《うしつだけ》（蛭《ひる》ケ岳《たけ》）と名づけられている。次にまた高い山がある。石遅草岳《いしおそくさのたけ》（仏果山《ぶっかさん》の山塊）と名づけられている。巨大な洞穴がある。その高さは三丈余り（九メートル余）、岩戸の前に石壇がある。壇上に三本の草がある。左右に並んで立っている。正身《しょうしん》不動明王の座席がある。次に滝がある。両部滝（塩川の滝・

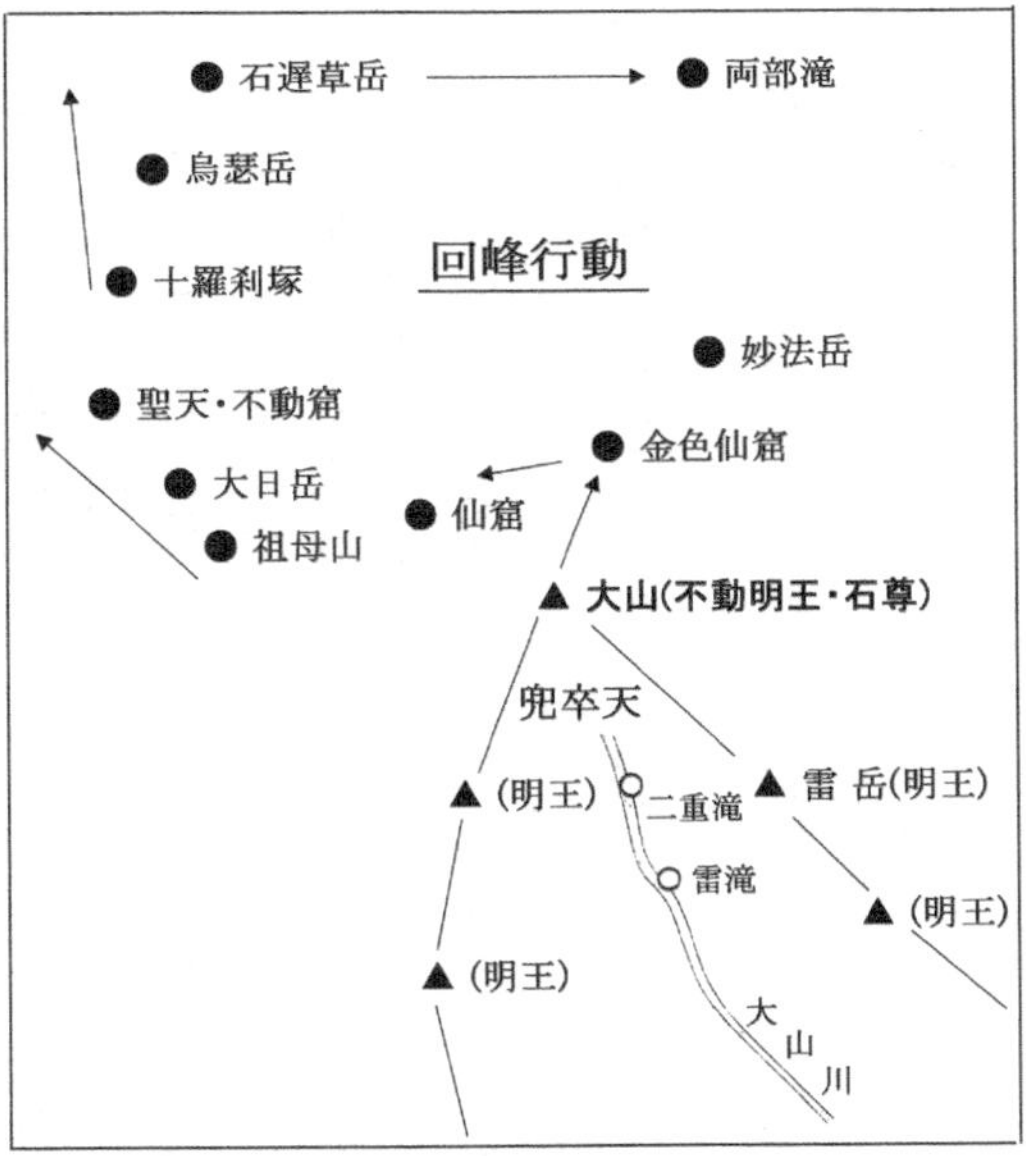

図1 大山の聖域と回峰行場 城川隆生「地方霊山の入峰空間と寺社縁起―丹沢と大山寺修験―」から。一部改変。

愛川町）と名づけられている。山をへだてて北滝がある。滝の高さ七丈余り、これは金剛界の滝となしている。時々円光を放っている。胎蔵界の滝に対して高い岩がある。下に仙窟があり、列真（仙）の都するところである。振鈴《しんれい》の声あり。今でも聞こえる。岩窟がある。また霊石がある。五仏の形に表わしている。或は華厳般若の峰（経ヶ岳～華厳山の山塊）、或は法華方《ほっけぼう》（現在は「法華峰」と表記）などの奇妙な岩がある。神聖な場所であることを示している。その諸岩が法門（仏の教え）を標《しめ》している。このような秘所は、万世に伝えていく必要がある。上人は山林に分け入って仏道修行するのに三五日間を要した。当山（大山の不動）明王の二童子が守護神となっていらっしゃる。矜迦《こんが》（羯）羅童子《らどうじ》は今の徳一宮である。勢多《せいた》（制吒）迦《か》童子は今の八大社（八天狗か）である。（後略）

右に示した『大山（寺）縁起』の記述内容は、大山修験の修行空間（図1）そのものを暗示しており、その活動範囲は大山山内は勿論のこと、丹沢山地・津久井・八菅山にも及ぶほどの広大な範囲にわたっている。

伊勢原市教育委員会所蔵『大山寺縁起絵巻』の内容

仮名本系統の『大山寺縁起絵巻』は、一六世紀中頃から一七世紀末期にかけて作成された。

これらは真名本とは異なり、詞書《ことばがき》と絵画を織り交ぜて二巻の絵巻物に仕立てられ、視覚的に理解できるような工夫が施されている。『大山寺縁起絵巻』は管見の限りでは九点が確認されているが、その内容にあまり差異は認められないので、本書では伊勢原市教育委員会本を取り上げることにする。

この縁起絵巻は上巻（詞書・絵画各一二）・下巻（詞書一三・絵画一二）の二巻からなる。その奥書によると、筆者は縁起絵巻を制作するにあたり、実際に大山に参詣して、最古とされる作品（詞書は祐賢坊乗真《ゆうけんぼうじょうしん》、享禄五（一五三二）年、現平塚市博物館本）を拝見させてもらい、虫損による欠字や落字を補塡した上、若干の私見や序文も交えて完璧を期したと述べている。制作年代は旧本よりも約一五〇年後の「貞享元（一六八四）年九月廿八日」である。序文は斎藤一器、詞書は岩崎玄周が筆記し、絵筆者（他の縁起絵巻には記載なし）は大和絵師土佐派の作風に通じていると思われる清水七之丞・七右衛門父子がそれぞれ上巻・下巻を担当した。また奥書から、常日頃大山を信仰している篤志家の大野八郎兵衛夫妻が大山開山町の御師實蔵坊玄浄（丸山要助・要輔）に寄進・施入したことも判明する。以下、伊勢原市教育委員会本を読み解きながら大山寺開創の縁起譚を紹介していこう。

大山寺縁起絵巻　上巻第４段　伊勢原市教育委員会所蔵

【上巻】

八世紀初頭の慶雲《けいうん》年中（七〇四〜七〇八）、相模国の国司に太郎大夫時忠（真名本・『東大寺要録』では漆屋《うるしや》太郎大夫時忠とあり）という、家が裕福で繁昌し、仏教への信仰心がとても厚い人物がいた。彼は四〇歳になっても家を継ぐ子どもがおらず、願い事を叶えるのに優れているとされる如意輪観音像を造立（真名本には記述なし）し、妻と一緒に子が授かるように一心不乱に祈願した。〔第一段〕

ある夜、時忠夫妻は夢をみた。枕元に八〇歳ほどの老僧（インドの霊山《りようぜん》の釈迦）が現れ、弥勒菩薩の化身といって法華経一巻を授けて、姿を消した。やがて、夫妻に子供が授かったことがわかり、大いに喜び合った。〔第二段〕

間もなくして、夫妻には仏・菩薩の化身のような男子が誕生した。夫妻はその赤子を寵愛し、国中の人々からも大変な祝福を受けて大切に養育した。〔第三段〕

ところが、生誕から七〇日（平塚市博物館本・真名本では五〇日、現在ではお宮詣りの頃に相当）後、乳母が野原に出て遊ばせている隙に、飛来してきた金色の鷲に攫《さら》われた。夫妻は手

を尽くして必死に赤子を尋ね求めたが、その行方は不明であった。〔第四段〕

その頃、大和国の奈良の都に仏教の学識に優れた一人の学僧がおり、その名を覚明《かくみょう》（真名本では学明《がくみょう》、『元亨釈書《げんこうしゃくしょ》』・『東大寺要録』では義淵《ぎえん(いん)》）上人《しょうにん》といった。彼はある時、当来導師《とうらいどうし》弥勒菩薩が来臨《らいりん》して仏法を弘めて大伽藍を建立する夢をみた。夢から覚めて深山《みやま》に分け入り、大きな杉木（平塚市博物館本では楠木《くすのき》、真名本では櫟樹《いちいのき》）を見上げると、その枝の隙間に赤子の泣き声を聞いた。巣の中では金色の鷲が赤子を懐《いだ》いていた。その赤子を奪い取ろうとしたが、鷲が抵抗したため助けることはできなかった。〔第五段〕

覚明上人は、念持仏の不動明王に「自分が夢でみたことが真実であるならば、この子を五体満足にして取り戻し給え」と七日間祈念したところ、翌朝に一疋の猿（平塚市博物館本・伊勢原市教育委員会本・内海景弓家本のみ）が現れ、上人にその子を手渡した。受け取って見ると、その子は錦の産着《うぶぎ》を纏《まと》い、その裏には誕生の年月が記してあることから父母がいることを知り、いろいろと尋ねたものの、捜し出せなかった。その間、上人はこの子を大切に養育し、その因縁により、「金鷲童子《こんしゅどうじ》」と命名した。〔第六段〕

「金鷲童子」は一九歳になった。彼は少し学んだだけで多くのことを知ることができ、文章作成能力では彼に優る者はおらず、まるで仏・菩薩の化身のように思われた。やがて、師匠の覚明は八〇歳に達し、臨終を迎えた。童子は金鼓《きんこ》を鳴らしながら、阿弥陀三尊《あみださんぞん》が西方から来迎し、

大山寺縁起絵巻　上巻第８段　伊勢原市教育委員会所蔵

上人を西方浄土に導く最期の光景を見届けた。〔第七段〕

その後、童子は上人のために執《しゅう（しつ）》金剛神像《こんごうじんぞう》を造立し、これを本尊として、「聖朝安穏《せいちょうあんのん》、天下泰平、興隆仏法、利益衆生《りやくしゅじょう》（真名本では寶祥増長《ほうしょうぞうちょう》）」をひたすら祈念した。するとその信力が通じたのか、本尊の御脚《みあし》に掛けていた五色の糸が光を放って天皇（ここでは聖武天皇）の王宮を照らした。不思議に思った天皇は、勅使を派遣してその光源を探索させたところ、その光が執金剛神像の元から発していることを知った。そこで勅使がその理由を問いただすと、童子は「自分には興隆仏法の志はあるものの、自力では叶いがたい。帝のご威光を頼りにして大伽藍を建立し、仏法も修行したい」との趣旨を伝えた。〔※ここでは王法（天皇による政治的権力）・仏法（仏教による宗教的権力）相依《そうい》相即《そうそく》の関係を窺い知ることができる。〕〔第八段〕

勅使が童子の意思を天皇に伝えると、天皇は大変お喜びになられ、大急ぎで童子を召し上げ、「今まで自分も大願はあるものの、適切な仏教の師匠に恵まれなかった。今後はそなたを師匠とし、その仏弟子となる」と告げられた。これを受けて童子は出家して良弁（「金鷲行者・金鷲菩薩」とも呼称）と改名した。その後、良弁は時の権威といい、仏道修行といい、何れも世に秀でていたので、東大寺（その前身は金鍾寺）を建立し、その初代別当となられた。華厳宗の確立はこの時点から始まった。〔第九段〕

一方、長い間愛し子を捜し求めていた時忠夫妻は、住み慣れた家や財宝を捨て、郎従とも別れて諸国遍歴の旅に出た。その旅は、昼は草の葉の露をなめ、夜は岩を枕とし、苔（平塚市博物館本では草）を敷いて寝るといった、とても苦しいものであった。何年も各地を捜し回り、我が子に会えないことを歎いていた。〔第十段〕

先ずは東国に旅を続け、陸奥国《むつ》（白河関以北《しらかわのせき》）と坂東《ばんどう》（関東地方の呼称で、足柄峠・碓氷《うすい》峠の坂以東）との境の阿武隈川《あぶくまがわ》に至った。ここで旅人から我が子の情報を得るための手立てとして、川の渡守《わたしもり》をすることにした。しかし、多くの年月を費やしてはみたが、何の成果も得られぬまま、渡守は止めることにした。その時、時忠は次のような歌を詠じた。

「みどり子に　あふくま川を　わたれども　なをも行末は　きこえざりけり」

（歌意）

「幼い子供に会えるという、阿武隈川を渡ったが、それでもなお、子供の行方は知ることができないものか」

〔第十一段・上巻止〕

【下巻】

時忠夫妻は東山道を経由して信濃国（現長野県）に出て、一旦は相模国由井《ゆい》の里（鎌倉郡）に帰った。住み慣れた場所は荒廃し、ただ涙に咽《むせ》ぶばかりであった。この地にいても仕方がないと思い、都へ向かうことにした。〔第一段〕

夫妻は、駿河・遠江・三河・尾張・伊勢・近江路を進むうちに、淀の渡し（山城国〈現京都府〉の南、宇治川・桂川・木津《きづ》川の合流地点で交通の要衝）に着いた。乗船したところ、渡守から「何か捜しているのか」と尋ねられた。時忠は「私どもは相模の住人である。生後七〇日にして我が子を鷲に攫われ、その子供の行方を捜し求めている。生きている間に是非とも会いたくて諸国を遍歴している」と語った。すると、渡守は「奈良の都に聖武天皇の仏教の師匠として、東大寺の別当良弁僧正という方が居られる。その方は鷲の巣から取り出された人と聞いている。もしかしたら、この方こそお前さんたちのお子さんではないのか、尋ねてごらんなさい」と話してくれた。これを聞くや否や、夫妻は心騒ぎ、胸も押し潰《つぶ》されるような思いで、急ぎ奈良の都へと向かった。〔第二段〕

都に着いた時忠夫妻は諸堂舎・仏閣を悉《ことごと》く巡礼した後、東大寺の稚児《ちご》法師（社寺に召し使われた少年）などに事の次第を話してみたが、笑われ罵《ののし》られて門外に追い出されてしまった。〔第三段〕

心身ともに疲れ切り、夫妻は大仏殿の南大門《なんだいもん》（正門）の傍らに粗末な小屋掛けをして臥《ふ》していた。するとそこに、良弁がたまたま内裏での加持祈祷を終えて帰って来た。その時、二人の老人の方から光が差し込み、良弁の牛車を照らした。不思議に思った良弁は車から降り、そこにいる理由を尋ねた。時忠が事の子細を懇切丁寧に話したところ、左の腋の下にある三つの黒子《ほくろ》や産着に記された誕生の年月日（慶雲二（七〇五）年四月一五日）などから、正しく捜し求めていた我が子であると断定でき、ただひたすら涙々の対面となった。その後、良弁は父母を車に乗せて御坊《ごぼう》の方へ帰った。この光景を見た国中の人々は、皆涙を流した。〔第四段〕

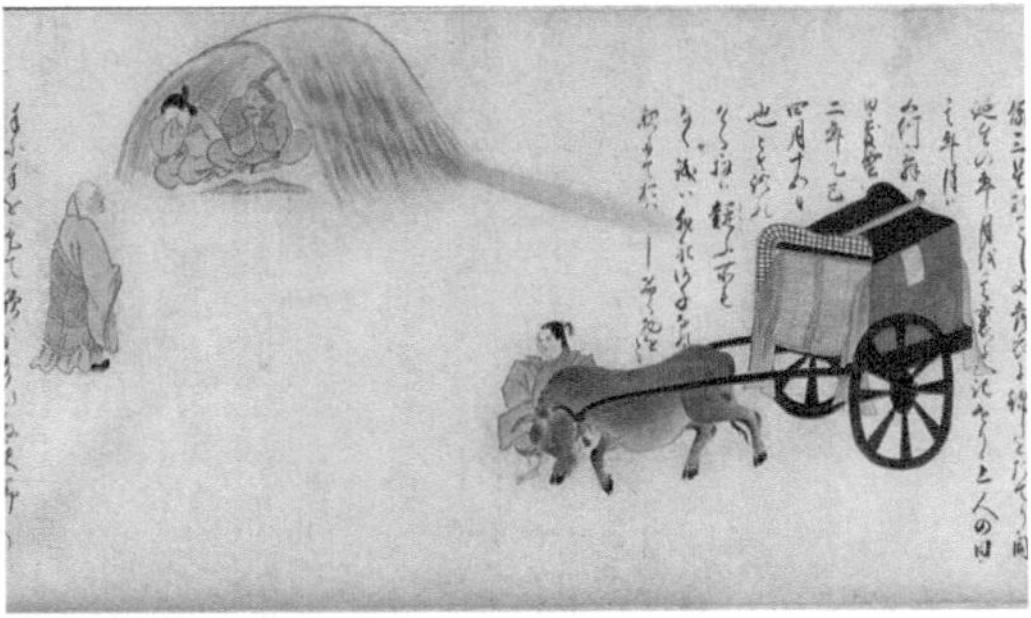

大山寺縁起絵巻　下巻第４段　伊勢原市教育委員会所蔵

良弁親子の対面の風聞《ふうぶん》をお聞きになられた聖武天皇は、良弁に直ちに父母とともに参内するよう、使者を遣わされた。〔第五段〕

天皇は夫妻の話に深く感動され、時忠に昔のように相模国の国司に就《つ》くことを命じられた。良弁も父母とともに相模国に下向することを願い、「相模国に仏法を弘め、人々に

功徳《くどく》を施したら都に戻る」と約束して、父母とともに相模国に帰った。〔第六段〕
　程なくして相模国鎌倉の由井郷に帰還すると、在地の人々は大喜びであった。時忠は以前住んでいた所に屋形を造営し、近隣の人々を招いて盛大な宴《うたげ》を催した。〔第七段〕
　ある時、良弁僧正は在地の民に「この国の何処《どこ》かに神仏などの奇跡を起こすような所はないか」と尋ねた。すると、「ここから西方の大きな山の頂からは光が射していて、相模国、安房・上総国の三か国を常々照らしている」との返答があった。良弁はその山に登ろうといったが、周りの人々は、「この山はとても高く険しく、大木が生い茂って岩石が聳えており、しかも蛇・悪鬼・狼・野干《やかん》（狐などに似た悪獣）が住みついており、とても人間が分け入る所ではない」と答えた。これに対して良弁は、「それでも構わない。国中の者を誘ってこぞって登山すべし」と言った。〔※神聖な山から光が放たれるという放光伝説は、古来山岳修験系の縁起に採用される一つの手法でもある。〕
　良弁は国中の者を大勢動員し、斧・鉞《まさかり》・鍬・鎌などを手にした人々の先頭に立って山に分け入った。木を切り倒し、岩を退けて進み、今の本宮の場所に辿り着いた。いつも光を発している場所を掘ると、金色に輝く不動明王の石像が出現した。人々はあまりの神々しさに目が眩《くら》んで卒倒するが、良弁が加持祈祷を施すと、元のように蘇生した。その際、良弁は不動明王に「願わくは神仏のご託宣をお示し賜りたい」と望んだところ、不動明王は「この山は弥勒菩薩の浄土、つまり都（兜）卒天浄土を意味する。そこで、弥勒菩薩は常にここ大山に来臨して仏法を弘め、衆生を利益しているのだ」とおっしゃられた。〔第八段〕

そこで、良弁が不動明王のお姿を石像から他の物に移し変えて、末代の衆生利益を図ろうとしたところ、山の南方にあった大槻《おおけやき》（欅とも書く）の一枝《いっし》が、あたかも人が切り倒したかのように、樹の根元へ落ちたかと思きや、再び天空に舞い上がって、現在の金堂の前に落下した。良弁はこの木こそ不動明王を移し変えるに相応しい木（御衣木《みそぎ》）と認識して不動明王像の模刻《もこく》を始めた。良弁は彫像するにあたり、一度斧を下しては三度礼拝しながら作業を進めた。すると、未だその彫像の相好《そうごう》が完成しないうちに、不動明王像の胸の辺りから血《ち》（他の大山寺縁起絵巻諸本では乳《ちち》）が出て来たので、制作の手を休めた。〔第九段〕

尊像の前で、良弁は二一日間にわたる祈願・祈誓を済ませて、「本当に仏法が繁盛し、現在から未来までのご加護をなされるのであれば、形にしてお見せいただきたい」と祈った。すると、たちまち四十九院が出現し、不動明王は一二句からなる偈《げ》（仏の功徳や教えを褒《ほ》め称《たた》える句）を説かれた。

（偈の訳）

「未来仏・当来導師といわれる慈氏尊《じしそん》（弥勒菩薩）が、最高の法を伝えるべく生を得て良弁と名乗り、大山寺を建立して衆生を教化する仏事に従事した。これにより末法の衆生は安

大山寺縁起絵巻　下巻第10段　伊勢原市教育委員会所蔵

楽を施され、此の地は清浄《しょうじょう》にして僧が戒律を守り修行する場となった。
迷える多くの衆生は移り住むことなく、東・南・西はそれぞれ一八町を境界と定め、我が彫像（不動明王）を作って本尊とした。大山は五仏（十方仏・過去仏・未来仏・現在仏・釈迦仏）が姿・形を現し、五大明王が仏を守護している。それ故、一度この山に参詣すれば衆生は寿福を得ることができ、家内は安穏として諸々《もろもろ》の病気に罹《かか》ることはない。」〔第十段〕
さらに良弁が大山の金堂の乾《いぬい》（北西の方角）の谷にある岩窟の下の池の端《はた》で、七日間の祈祷を捧げると、池の中から大蛇が出現して、次のように語った。「自分はこの山を守護する震蛇《しんじゃ》大王（真名本では深砂《しんさ》振邪《しんじゃ》大王）である。長い間荒神《こうじん》となって五濁《ごじょく》（見・命・煩悩・衆生・劫《ごう》濁の悪世）に染まり、仏教の真理を弁《わきま》えなかったが故に、このような蛇身を受けることになってしまった。今、良弁上人の法施《ほうせ》に預かることによって都卒天の内院に生まれ変わることができた。これからは大山に垂迹《すいじゃく》して大山寺を守護し、衆生を利益したい」と宣誓された。〔※ここには、荒《あら》ぶる神が神身離脱を図って仏教を擁護する善神（これを「護法善神」という）となるという、本地《ほんじ》垂迹説（インドの仏が日本社会では仮に神の形をとって、天上界から地上界に降りてくるという教説）の原形が窺われる。〕そして、震蛇大王は八句からなる次のような偈を説いた。

（偈の訳）

「四十九院が正《まさ》に眼前に現出したが、即ち是《これ》は都卒天浄土を象徴する中心的な建物に相当する。ここには一切の天人のもとに神仏が来臨し、権《ごん》（かりのもの）と実（ほんとうのもの）を共に守護してくれる。ここでは滝水が勢いよく下り、如来(仏)の智恵を注いでくれるので、衆生は煩悩（迷い）を重い穢《けが》れとして洗い流すことができる。その結果、一切の諸魔を全て退散させ、現世・来世において、自由・自在を得ることができる。」〔第十一段〕

さらに震蛇大王は、「大山に信仰心を寄せる人々に利益をもたらし、臨終の際には彼らを浄土に引導するように努めたい。逆に信心せず、三宝《さんぼう》（仏・法・僧）を軽んじて名利のみを追求して怠慢心を抱くような族《やから》には直ちに罰を与え、心を覚醒させたい」と約束した。そこで、良弁が大蛇に「大山は高くて冷水を得ることができない。参詣者の便宜を図って一筋《ひとすじ》の流水を下してほしい」と懇願すると、大王は岩窟の頂《いただ》きから滝水を落として下さった。これが現在、谷

の所にある滝（二重滝）に当たる。〔第十二段〕
かくして、大山には次々と不思議な奇跡的な瑞相《ずいそう》（めでたいしるし）や生身《しょうしん》の仏・菩薩が眼前に現出して、衆生を利益することは昔から現在に至るまで明証《めいしょう》することができる。また大山は日本第一の山で、東・西・南・北の眺望に恵まれた景勝地であり、神仏の宿る神聖な山というに相応しく、正にお釈迦様が住まわれている霊山浄土と何ら異なることはない。金堂・鐘《しょう》楼《ろう》・経蔵・三重の塔・不動明王の社壇を始めとして、諸仏が造立され、また弥勒菩薩に関係した都卒天浄土を象徴する四十九院の坊舎が甍《いらか》を並べ、軒を重ね、所々で坐禅《ざぜん》入定《にゅうじょう》・学問修行の勤行《ごんぎょう》は絶えることはなく、出離解脱《しゅつりげだつ》の霊地といった感がある。
さて、この山を「雨降山」と言う訳は、雨が春にはあらゆる草木を悦ばせ、夏には雨が降って民が早苗を植えられ、秋には残暑の気配を押しのけて塵を払い、冬には時雨れて紅葉を齎《もたら》すといった、四季折々の変化に富んだ自然の恩恵による。また、「阿部利山」と言うのは、「あめふり山」と称している『万葉集』の表記によるのではないか。さらに信心深い人々に富貴を授けることから「大福山」ともいわれている。このような理由から、石尊権現のお山を「雨降山」と号し、木像の不動明王像を「阿部利山」というのも、皆その草創の謂れはここに明白である。
〔※この段落は平塚市博物館本にはなく、伊勢原市教育委員会本に見られる表記である。〕
こうして年月を送っているうちに、良弁の大山での滞留は三か年にも及んだ。大山衆徒《しゅと》は評議を開き、良弁無き後の大山寺の繁栄、仏法の興隆、衆徒の住山の件を公家（藤沢市教育委員会本は公家・武家、真名本は公家・天皇）に懇願・奏請《そうせい》することにした。その際、大山の様相や一つ一つの奇特を天皇へ奏上したところ、天皇も大変お喜びになられ、安房・上総・相模の所領の一部を寺領とする旨の命令をお下しなされた。そこで、直ちに衆徒の評議を開いて四十九院のそれぞれに配分したところ、大山寺はますます繁盛し、仏法・王法ともに隆盛して、天下泰平・国土安穏が達成されることになった。ある時、不動明王は良弁上人に託宣して、「日本国の大天魔は全て自分の支配下に収めた。天下が乱れ、国土が不穏となり、風・雨・水・火の災難が起こった時には、大山に参詣して加持祈祷をなされば、災難は速やかに減少し、国土安穏になるであろう」と語られた。〔第十三段・下巻止〕

以上、伊勢原市教育委員会本『大山寺縁起絵巻　上・下巻』を介して、大山寺創建の経緯を読み解いてきた。江戸時代に入り、大山詣りが急速に隆盛化した背景には、従来の難解な真名本とは異なる新しい視覚的情報伝達手段としての絵巻物の存在が大であったと考えられる。絵巻物の諸本は、既述のように大山を信仰する篤志家から大山在住の僧侶や御師らの手元に寄進・施入されている。彼らはそれを大山への参詣者の前に開陳して大山への理解をより一層深めさせたり、ある場合には御師自らが廻檀の際に携行し、これを拡げて絵解きを行い、信者獲得・拡大の手立てとして活用したのではないだろうか。

第二節　太郎大夫時忠の人物像

太郎大夫時忠と良弁の出自をめぐって

『大山寺縁起絵巻』の主人公である太郎大夫時忠とその子良弁の出自については、相模国説、近江国説、折衷《せっちゅう》説（相模国誕生・近江国移住）など区々《まちまち》である。またその俗姓《ぞくせい》についても、漆部《ぬりべ》氏説・百済氏説・百済系渡来人説と相分かれる。

真名本『大山寺縁起』には、「良弁者相模國鎌倉郡由伊（井）郷人也、俗姓漆部氏、當國良将漆屋《うるしや》太郎大夫時忠子也」との記載がある。伝承の域を出ないが、それを物語るかのように鎌倉地内にはかつて数か所ほど「塔の辻」という字名《あざ》があり、良弁を祀った場所とされている。また、鎌倉市西御門の来迎寺には由井長者染屋太郎大夫時忠が如意輪堂に祀ったという如意輪観音像（県重文）も存在する。

一方、建武四（一三三七）年の奥書をもつ『東大寺縁起絵巻』全二〇巻には、「花厳《けごん》ノ良辨僧正ハ相模國大隅（住）郡漆窪《うるしくぼ》ト云《いふ》所ノ漆部《ぬりべ》ノ氏人《うぢびとなり》也」とあり、『東大寺要録』にも「僧正者相模國人漆部氏也」とあることから、良弁父子が相模国漆部氏と密接な関係を有する人物であるとともに、その出身地が相模国鎌倉郡由井郷か大住郡漆窪（現秦野市北矢名付近にある漆窪・太夫久保という字名）の何れかに存在したと思われる。

この両者を比較した時、良弁と大山寺との関係、父とされる人物の「漆部」という俗姓と地形・地名との関係、大山と至近距離にあるという立地条件、数多くの有力古墳の分布状況などを考慮に入れると、鎌倉由井郷よりも大住郡漆窪がにわかに注目されてくるところである。

太郎大夫時忠とはどのような人物か

良弁の父親とされる太郎大夫時忠は一体如何なる人物であろうか。この人物に比定される有力な候補者として、この当時実在した相模国の古代豪族、漆部直伊波《ぬりべのあたいいは》が挙げられる。伊波と律令政府との関係を示す初見史料としては、『續日本紀《しょくにほんぎ》』（六国史の第二）天平二〇（七四八）年二月壬戌《みずのえいぬ》（二二日）条に、「壬戌、知識物ヲ進ムル人等、外大初位下《げだいそいげ》物部連族子嶋《もののべのむらじやからこじま》、外従六位下《げじゅろくいげ》田（甲《こう》）可臣眞束《かのおみまつか》、外少初位上《げしょうそいじょう》大友國麻呂《くにまろ》、従七位上《じゅしちいじょう》柒《ぬり》（漆《ぬり》）部伊波《べのいは》並《それぞれ》ニ外従五位下《ごいげ》ヲ授ク」という記事がある。

また、『東大寺要録』の記録から、この時の昇叙《しょうじょ》は東大寺の盧舎那仏《るしゃなぶつ》（大仏）造立事業（天平一五〜天平勝宝四（七四三〜七五二）年）にあたり、一〇名の大量商布献上者の一人である伊波自身が、二万端もの反物を東大寺に寄進した行為の功績が公的に認められたものであったことがわかる。この事実から、伊波は相模国において相当な経済力を保有する人物であり、中央政府とも密接な関係を有する人物でもあったと考えられる。

さらに、『續日本紀』によると、伊波が恵美押勝《えみのおしかつ》（藤原仲麻呂）の乱（天平宝字八〔七六四〕年）の鎮圧功労者の一人に推挙されたこと、それから四年後、従五位下勲六等に叙せられて「大夫《だゆう》」と称されるに相応しい位階が備わった上、「柒（漆）部伊波ニ相模ノ宿禰ヲ賜ヒ、相模國ノ國造ト為ス」との認証を受けるに至ったことがわかる。ここに見られる「國造」は大化前代の氏姓制度下のそれとは異なり、いわゆる「律令國造《こくぞう》」、或いは「令制國造」と呼称されるもので、この職掌には本国及びその出身者が一国一名任命され、その多くは神祇祭祀に従事した、との先学指摘（岡田精司『古代王権の祭祀と神話』塙書房　一九七〇年）もあり、伊波が宗教祭祀を執行できる立場にある人物であるということも看過できないところである。

さらにまた、『東大寺文書』によると、伊波は大仏造立の際の寄進後、東大寺から摂津国西成郡美努郷《みぬごう》の堀江川添（難波津の交通の要衝）の地を買得しており、伊波の広範な交易活動の一端と、東大寺との親密な関係をも窺うことができる。

以上の考察から、推測の域を出ないが、『大山寺縁起絵巻』で良弁の父に比定されている相模国の国司太郎大夫時忠は漆部伊波その人であり、直《あたい》というヤマト政権下での姓《かばね》をもつことから、旧相武《さがむ》国造の系譜を引く地方の有力豪族で、相模国大住郡の大山周辺の漆窪に本貫地をもちつつ中央政界への進出を切望していたと考えられる。やがてそのチャンスが巡って来て、東大寺の盧舎那仏造立への寄進行為などを機に、一気に中央政界への進出を果たし、政治的・経済的さらには宗教祭祀的地位を確立していくなかで、生国である相模国に地方仏教の拠点としての大山寺という壮大な伽藍を構築するに至ったのではないだろうか。

以上、大山寺に関係した縁起に基づいて、その成立と内容などを縷述《るじゅつ》してきた。しかし、縁起という性格から、鷲に攫われた赤子を捜し求めて諸国を遍歴する地方豪族夫妻の苦悩、高僧覚明と金鷲童子との出会い、良弁僧正と聖武天皇との出会い、東大寺の建立、良弁による大山寺の開創などに関わる内容に止まり、病気平癒・招福除災《しょうふくじょさい》・五穀豊穣などといった、一般庶民にとっては緊要な現世利益の具体像がほとんど示されていないのは致し方のないことかと思われる。その欠如した部分を補強・具現化するものが、江戸時代後期に養智院前住心蔵が纏めた『大山不動霊験記』全一五巻である。次章でこの霊験記を紹介するが、この両者を併せ考察することによって、大山信仰の核心を把捉できるのではないかと思う。

第Ⅲ章　『大山不動霊験記』からみた大山信仰の諸相

『大山不動霊験記』から大山

神奈川県立図書館所蔵：「神奈川県郷土資料アーカイブ」から

第一節　『大山不動霊験記』の刊行をめぐって

『大山不動霊験記』との出会い

新天地の神奈川で大山研究の第一歩を踏み出して間もない頃、伊勢原市社会教育課文化財係の方から、「大山のご利益をまとめた史料のコピーを入手したので読んでみませんか」との連絡を受けけた。その表題は心蔵著『大山不動霊験記』（以下、『霊験記』と略す）全一五巻で、所蔵者は茅ヶ崎市柳島にお住いの藤間《とうま》雄蔵氏である。藤間家は江戸時代以来、当地で代々廻船問屋を営み、日頃から大山への信仰心が厚く、この『霊験記』の一話（第五巻・第四七話、後述）にも登場するほどの旧家である。

早速、部厚い史料の第一巻を先ず手に取って読もうとはしたものの、難解な仏教用語や古語の頻出に行く手を阻まれ、長期戦になることを覚悟した。時折しも市文化財係からは大山だけに特化した大山公民館夏季講座を継続して実施することにしていたので、以後この大著をテキストに選び、受講生とともに一年に一巻・一冊ずつを目標にして、時間をかけて読み進めていくことに決めた。その結果、幸いにも一三年掛けて読了し、データ入力作業も完了して、私の大山信仰の研究の進展に大いに役立ったと実感している。

藤間家屋敷跡　南側石垣　茅ヶ崎市教育委員会提供

心蔵の人物像

ここに取り上げた『霊験記』は、その一二坊の一つにあたる養智院出身の心蔵が、隠居後に自分自身の見聞、大山寺の学僧・御師や庶民などからの聞き取りに基づいて、大山のご利益譚を集大成したものである。

管見の限りでは、心蔵が実在の人物であることを立証する史料は四点ある。これらを古い方から年代順に紹介していこう。

①木像不動明王坐像胎内文書（相模原市緑区葉山島の中里榮子家文書）に「相州葉山嶋、村中繁昌、人民《じんみん》快樂《けらく》、現世《げんせ》安穏《あんのん》、後生淨土乃至《ないし》法界平等利益《りやく》、大山寺養智院心藏寄附之《これをきふす》、安永十（一七八一）年辛丑二月廿八日」とある。このことから、この不動明王坐像を中里家に寄附した人物は心蔵であることが判明する（後述）。

②廻《まわり》地蔵尊台座後背銘（伊勢原市神戸《ごうど》地区）に「二師父母、六親眷属《けんぞく》、成三菩提平等利益、大山寺養智院心蔵（以上は台座上部）、神戸村廻地蔵尊、保国寺孝戒《ほうこくじこうかい》、冶工、西村和泉守（以上は台座下部）」とある。廻地蔵尊とは厨子に納められた地蔵尊を村内の各戸が順番で預かり、供養して次の戸へ廻していく地蔵崇拝である。この年代は不明であるが、明和八（一七七一）年の山火事で焼失した大山寺が安永七（一七七八）年に再建されたことを栗原《くりばら》村（現伊勢原市）保国寺孝戒が語っている記事が『霊験記』の第九巻・第七八話にあることから、安永年中（一七七二〜八一）以降と推考される。また、冶工とは鋳物師《いもじ》のことで、西村和泉守は江戸の神田鍛冶町一丁目の住人である。ここに登場する五代目は西村和泉守藤原政時を名乗り、大山寺にある巨大な青銅製の宝篋印塔《ほうきょういんとう》（寛政七〔一七九五〕年建立、第Ⅸ章第二節を参照）と大山阿夫利神社拝殿の手前にある常夜燈（安永四〔一七七五〕年町火消み組の建立）を鋳造した人物として知られる。西村家は大正時代まで一一代続いた名家で、江戸幕府の鋳物制作の御用を勤め、関東一帯の寺社に梵鐘・仏具・宝篋印塔・燈籠などを残している。①・②は心蔵が現役（現住）の頃のものである。

③青銅製不動明王坐像銘（海老名市上郷の大山講中所蔵）に「寛政八（一七九六）年丙辰六月吉日、大山寺養智院隠居心蔵　開眼口」とある。

④地蔵尊五体の内三体銘（厚木市飯山金剛寺大師堂）に「建立者養智院隠居心蔵」とある。

③・④は「隠居」とあることから、寛政年間（一七八九～一八〇一）のものである。

『霊験記』の刊行目的

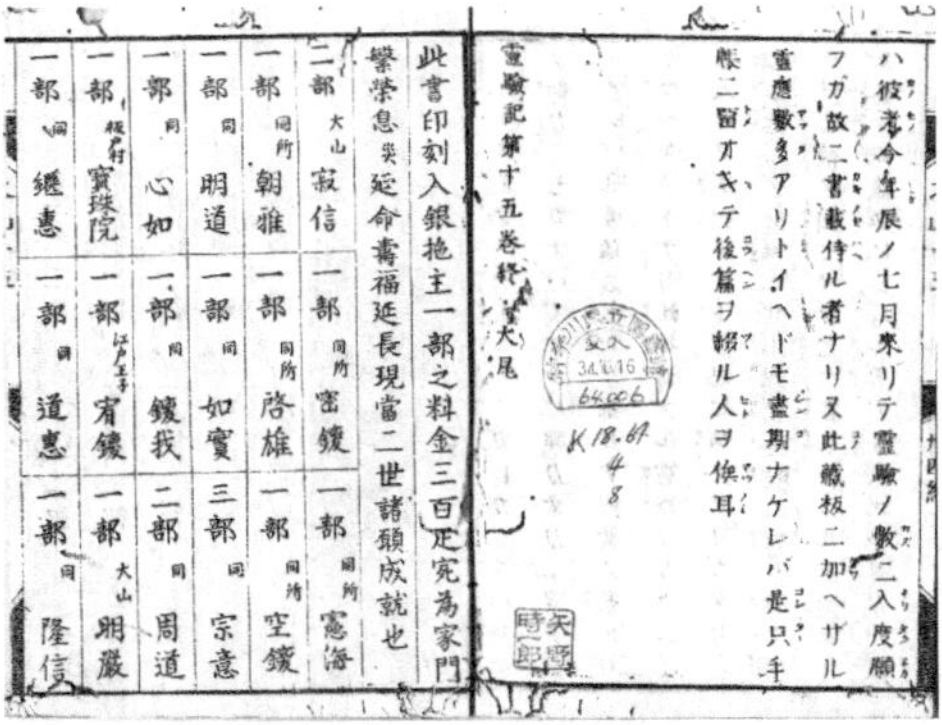
八彼岩今年辰ノ七月來リテ靈驗ノ數ニ入度願
フガ故ニ書載侍ル者ナリ又此藏板ニ加ヘサル
靈應數多アリトイヘドモ盡期ナケレバ是只手
帳ニ留オキテ後篇ヲ綴ル人ヲ俟耳
靈驗記第十五巻終　大尾

此書印刻入銀拖主一部之料金三百疋宛為家門
繁榮息災延命壽福延長現當二世諸願成就也
一部　大山　寂信　　一部　同所　密鐶　　一部　同所　憲海
一部　同所　朝雅　　一部　同所　啓雄　　一部　同所　空鐶
一部　同　明道　　一部　同　如實　　三部　同　宗意
一部　同　心如　　一部　同　鐶我　　二部　同　周道
一部　板戸村　寶珠院　　一部　江戸王子　宥鐶　　一部　大山　明嚴
一部　同　継恵　　一部　同　道恵　　一部　同　隆信

『大山不動霊験記』奥付　神奈川県立図書館所蔵：「神奈川県郷土資料アーカイブ」から

出版の目的は、奥付に「為家門繁榮・息災延命・壽福延長・現當二世《げんとうにせ》（現世・来世）諸願成就也」、「為海上安全也」、「先祖為菩提也」とあることから、常日頃から大山に篤い信仰心を寄せる信者が思い思いの祈願を込めて、心蔵の出版事業に協力したと思われる。その結果、僧・俗併せて三四名の賛同者と四六部の購入希望者が出た。賛同者の内訳を示すと、僧侶では大山関係者の寂信（第一三代大山寺別当）外一八名（この内三名は大山御師）、古義真言宗関係者の板戸村宝珠院（現伊勢原市）、石田村圓光院（同市）、江戸王子（現東京都北区）宥鑁《ゆうばん》、俗人では江戸永富町人（現東京都千代田区）西村大和外八名、相模国住人足下郡（現神奈川県小田原市）佐五兵衛外二名が挙げられる。また初期段階の購入部数の内訳は、大山関係者が一九名で二四部、古義真言宗関係者が三名で三部、俗人では江戸町人が九名で一一部、相模国住人が三名で八部である。特に小田原の佐五兵衛は一人で六部も購入して突出している。この点に注目して彼の出自を調べたところ、大山開山町御師の尾崎家から小田原の宗我神社の神官（尾崎山城）として婿入りした人物で、大磯の鴫立庵を介して俳諧に造詣が深い大山御師とも親交があり、俳号は馬門である。子孫の尾崎一雄は小説家で、『暢気眼鏡《のんきめがね》』の作者として知られる。

さらに賛同者の末尾には余白部分が設けられているが、これは新規の賛同者が出た場合を想定して、その部分に継ぎ足すことができるように配慮されたものである。この部分は黒く塗りつぶされていて、書誌学上ではこれを墨格《ぼっかく》という。

出版元・出版費用について

巻末の奥付から、本書は寛政四（一七九二）年如月《きさらぎ》（二月）に、「書肆《しょし》　御書房　出雲寺和泉　西村源六」の板木を元に出版されたことがわかる。板元の出雲寺和泉は、同じ上方出身の須原屋茂兵衛と競合した老舗書物問屋である。江戸左内町（現東京都新宿区）に居を構え、幕府の御用達町人・書物方に属し、幕府の紅葉山文庫（後の内閣文庫）の管理・運営に従事するほどの書物師であった。また、西村は江戸馬喰《ばくろ》町（現東京都中央区日本橋）に居住し、元祖は西村屋伝兵衛を名乗った。

　出版費用については、同じく奥付に「此書印刻入銀施主一部之料金三百疋」とあることから、出版賛同者は受益者負担として、一部の代金三百疋《ぴき》（三〇〇〇文）宛の支払いを求められた。その当時の江戸での相場では百疋は現在の約四～五万円に相当するとされることから、一部三百疋の値段は約四～五万円に三を乗じた約一二～一五万円となる。さらにこの数値に、全体の当座の発行部数の四六部を乗じると、総額約五五二～六九〇万円の経費が掛かったことになる。

『霊験記』の内容構成

　『霊験記』は第一巻・第一話から第一五巻・第一三一話で構成されている。そのうち、第一の第一話は開山良弁僧正略伝、第二話は中興開山願行上人略伝、第三話は大山寺造榮《（ママ）》（御修理）年時事、第四話は御代々御朱印被成下事、第五話は御祈禱年中行事、最後の第六話は大山寺事紀である。この巻は良弁による大山寺開創から願行による大山寺再興に至る歴史、江戸時代の大山寺造営・修理の記録、大山寺山内の仏事を中心とした年中行事の記事、つまり大山の総論の部分に相当する。それ故、どのような手立てを講じれば大山不動明王の霊験を手繰り寄せ、出版目的に叶うような現世利益を達成できるのかという各論編は、第二巻・第七話から第一五巻・第一三一話までの全一二五話の中にかなり具体的に示されている（以下、第○巻・第□話の表記は、筆者が作成した『霊験記』全一五巻の目録に準拠する。『神奈川県立公文書館紀要　第六号』、神奈川県立図書館「神奈川県郷土資料アーカイブ」の心蔵著『大山不動霊験記』を参照）。

第二節　『霊験記』の内容分析

地域分布から

先ず『霊験記』に取り上げられている地域に着目して検討を加えたところ、現神奈川県内に関係した霊験譚は六六話に達し、全体の約五三％を占めている。中でもとりわけ、大山の直近にある大住郡（現伊勢原・平塚・秦野市域）のそれは三二話（県内の約四八％、その内の一八話は伊勢原市域）を占め、圧倒的に他地域を凌駕している。

ついで、高座郡八話、足下郡六話、愛甲郡六話、足上郡四話の順になっており、武蔵国内の久良岐郡・橘樹郡に該当する話は極めて少ない。このことは、作者心蔵の居住・行動空間による制約と、霊峰大山の占める位置関係によるところが大きいと考えられる。ちなみに霊験譚が全く空白の地域は、相模国三浦郡と武蔵国都筑郡である。

一方、県域外に目を転じると、残り五九話の内、江戸市中（現東京都）二一話、武蔵国（但し、現東京都及び現神奈川県域は除く）・下野国（現栃木県）各一一話が注目される程度で、あとは常陸国（現茨城県）三話、駿河国（現静岡県）二話、甲斐国（現山梨県）二話、上野国（現群馬県）二話、陸奥国（現東北地方）二話など、次第に極少となっていく。このような霊験譚の残存状況から、江戸時代における大山の信仰圏は、関東を中心に甲信越・東海・東北地方にまで同心円的に拡大していることがわかる。

年代分布から

次に『霊験記』が扱った年代について検討してみよう。『霊験記』には明確な年代が特定できない話が一〇話ある。江戸時代より前では、鎌倉時代の有名な仇討事件に登場する曽我兄弟が大山不動明王に願掛けして親の仇討を果たした事（第一〇巻・第八一話）、鎌倉時代の在地武士善波《ぜんば》太郎が石尊の霊応・加護により八幡神として崇められた事（第八巻・第七五話）、甲斐国の教雄阿闍梨《あじやり》が大山不動尊に参籠・断食して武田信玄の息女の狂心を加持祈祷によって平癒させた事（第四巻・第三二話）の三例のみである。これ以外は、すべて江戸時代の寛永年間

（ロ）神奈川県域外の場合：合計 59 話	
①江戸市中（21 話・36%）	
	浅草（12 13 31 62），青山（36 37），代々木（19），六番町（30），麻布（33），新吉原（34），品川宿（38），京橋（42），湯島（49），青物町（43），白銀（52），芝（71），駒込（101），本郷（110），巣鴨（126），不明（113 124）
②武蔵国（11 話・19%）	
	下河原村（88 92），萩曽根村（八条領）（11），堅石村（59），上相原大戸村（66），中村（100），矢元村（68），野津田村（87），小山村（95），浦和宿（99），横沼村（111）
③下野国（11 話・19%）	
	小山町（21 22 53 55），赤美（赤見）村（9 10 98），板倉村（56 57），秋山村（44），中村（128）
④常陸国（3話）	
	寄居村（58），大竹村（84），不明（94）
⑤駿河国（2話）	
	清水寺（23），落合村（63）
⑥甲斐国（2話）	
	鶴島山（70），不明（32）
⑦上野国（2話）	
	桐生松村（46），徳川村（67）
⑧陸奥国（2話）	
	小名ガ浜（50），岩城四倉浜（54）
⑨安房国（1話）	
	平館村（45）
⑩三河国（1話）	
	新城田町（130）
⑪信濃国（1話）	
	根井村（24）
⑫出雲国（1話）	
	不明（29）
⑬上総国（1話）	
	有吉村（114）

※ほとんど大半を関東地方が占め、そのうち圧倒的多数は江戸市中である。

表Ⅱ 『大山不動霊験記』における地域分析
（第7話〜第131話の合計125話から）

（イ）神奈川県域内の場合：合計66話	
①大住郡（32話・48%）	
伊勢原市内 ※伊勢原市内は（18話・27%）を占め、他地域を圧倒している。	板戸村（16 17 51 85 105 115），伊勢原村（18 27），富岡村(28)，大山町(78 127) 平間村(96 97) 善波村（75） 沼目村（77），栗原村（82），山王原（上粕屋）村（106）， 子安村（108）
平塚市内	金目村（119 120 121）， 矢崎村（8 65）， 寺田縄村（7）， 吉澤村（73）， 長沼村（20）， 須賀村（26）， 大島村（112）
秦野市内	大槻村（107），田原村（109），落幡村（122），長軒村（93）
②高座郡（8話・12%）	
	恩馬村（69 74），萩曽根村（39），柳島村（47），茅ヶ崎村（80）， 岡田村（102）， 大谷村（72），田名村（103）
③愛甲郡（6話）	
	厚木町（86 117），愛甲村（64），三増村（116），煤ケ谷村（48）， 荻野村（91）
④足下郡（6話）	
	湯本中茶町（41）， 中里村（79），曽我村（81），飯泉村（83）， 押切村（129）， 塚原村（131）
⑤足上郡（4話）	
	斑目村(60 61)，山北村（118），水無瀬河村（河村）（123）
⑥小田原（4話）	
	小田原宿（14 15 35 104）
⑦久良岐郡（2話）	
	野島浦（25）， 森村（125）
⑧橘樹郡（2話）	
	菅村（89 90）
⑨鎌倉郡（1話）	
	影取村（40）
⑩津久井県（1話）	
	葉山島村（76）

（一六二四〜四四）から『霊験記』が開板された寛政四（一七九二）年二月までのものである。天保一二（一八四一）年に江戸幕府の昌平坂学問所管下の地誌調所が編纂した『新編相模國風土記稿』によると、大山信仰が急激に隆盛化した背景には、春日局の二度にわたる大山代参行や幕府による莫大な造営費の提供があったとされる。その後も幕府は関東談議所としての大山の存在を重要視し、継続的に造営・修理などを加えている。一方、下山を命じられた御師らは地道な幅広い教宣活動を展開して檀那獲得に奔走し、やがて強固な師檀関係を形成するに至る。『霊験記』からみる限り、一二五話中の七三話（全体の約五八％）が明和・安永年間（一七六四〜八一）、つまり一八世紀後半に集中している。従来、大山信仰の最盛期は明和・安永期以降であると考えられてきた。しかし、この分析結果や寛政年間（一七八九〜一八〇一）に大山に関係した旅案内書・旅日記が爆発的に登場することから、私は大山信仰の最盛期は、この『霊験記』が開板された寛政年間で、その中心的役割を演じたのが心蔵であったのではないかと考えている。

登場人物から

『霊験記』の内容から、大山不動尊の験力《げんりき》によりご利益を被った登場人物は全体で一二五人で、圧倒的に百姓階層が多く、その数は五七人で、全体の約四六％を占める。ついで町人・商人・

職人といった都市生活民（合計三二人、二六％）、それ以外としては僧侶（一五人、一二％）、漁民（八人、約六％）、武士（六人、五％）の順になっている。このことは、大山信仰が幅広い階層に支えられていたことを物語っている。

心蔵は、こうした情報をどのようにして入手し得たのであろうか。先ずは本人の日頃からの宗教活動の努力に基づくものが大きかったと考えられるが、大山寺と信者（檀那・檀家・檀徒）との媒介者として活動している大山寺関係者（学僧・御師）やその他の僧侶の介在・協力も決して看過できない。そこで『霊験記』に登場する学僧を調べてみると、八大坊（別当）・授得院・常円坊・上之院・橋本坊・喜楽坊・大覚坊・広徳院・実城坊・中之院が挙げられる。次に御師では、村山八太夫・大学院・長野仁太夫・永野重太夫・源長坊・内海兵部太夫・今坂徳之進・岡本喜内・若満坊・和田官太夫・奥村三郎太夫・成田庄太夫・山田平馬・蔵全坊《ぞうぜんぼう》・佐藤大住・祐泉坊・相原但馬・仙太夫の一八名が登場し、大山登山に訪れた信者から得た様々な霊験譚の情報を心蔵に提供している。

最後に大山以外の僧侶としては、板戸村宝珠院・野津田村（現東京都町田市）南蔵院契善《かいぜん》・萩曽根《はぎそね》村（現茅ケ崎市）万福寺正快坊開定・真言師福寿院・三増《みませ》村（現愛川町）清徳寺慶鑁《けいばん》阿闍梨・栗原村保国寺孝戒和尚・栗原村孝全法師・蓑毛村円教院・金目《かなめ》村（現平塚市）隆源寺隠居全見和尚・山西村梅沢（現二宮町）西光寺慧海からも情報が寄せられている。心蔵の『霊験記』執筆に傾注した不撓不屈《ふとうふくつ》の精神もさることながら、このような人的交流・協力なくしては、大著『霊験記』の完成は達成できなかったであろう。

第三節　現世利益の内容

具体的な現世利益

当時の庶民が大山不動尊に希求・祈念した現世利益とは、一体どのようなものであったのであろうか。『霊験記』の記述内容を整理すると、大別して二つの系統に分類することができる。その一つは病気平癒に関するもの（四五話、全体の三五％）で、具体例としては疫病・眼病・腫物・狂心・憑き物・中風・ハンセン病（らい病）などからの回復・生還が挙げられる。もう一つは災難除去に関するもの（三四話、全体の二七％）で、具体例としては火難・盗難・水難・虫害などからの回避が挙げられる。その他の例としては、盗難品の回復、知恵の獲得、大漁、樹木の生長、嗣子誕生など、実に庶民の多種多様な願望が達成されたことを生き生きと語り伝えている。一方、落語の「大山詣り」や『誹風柳多留《はいふうやなぎだる》』の古川柳の中で「借金は盆に戻らぬと山へ逃げ」とか「石尊は借り方ひいき遊ばされ」などと皮肉たっぷりに詠じられた借金逃れのご利益譚は、この『霊験記』では全く存在しない。このように大山詣りが借金逃れの口実となる背景は、年に一度の大山の例大祭（旧暦六月二七日から七月一七日）が丁度借財徴収の時期とぴったり附合することによるものと考えられる。

『霊験記』における現世利益の事例から

では、現世利益はどのようにしたら達成されるのであろうか。『霊験記』を読み進めるうちに、現世利益は何もせず、ただ黙って見ていれば成就するというものではないということがわかってくるであろう。やはり、信者のそれなりの覚悟と実践行動がともなって初めて、ご利益は満願に達するものであるということを『霊験記』は随所で語って止まない。

そこで、庶民が如何にして大山不動尊の加護によって現世利益を得ることができたかを、『霊験記』の中から四つの事例を取り上げ、口語訳して紹介してみよう。なお、文中には階級社会特有の差別的な表現が若干散見するが、当該時代の社会状況を反映した歴史史料と認識して、そのまま使用したことをお断りしておく。

①相模国冨岡村新右衛門ガ娘吃ノ病直リシ事（第四巻・第二八話）

相模国大住郡富岡村（現伊勢原市）に新右衛門という貧しい百姓がいた。彼は両親・妻子を養うために隣村に奉公に出た。しかし、後に家に戻って農耕に従事するかたわら、日々大山不動尊を信仰していた。彼には二人の男子と三人の女子がいたが、その内の一人の女子は前世の因縁からか、吃音《きつおん》で言葉が満足に話せなかった。そこで夫婦はそれを嘆き、大山不動尊へ祈願を込め、明和二（一七六五）年から安永三（一七七四）年にかけて、毎年百日ずつ三万回の垢離《こり》（神仏に願掛けして心身を清浄にするために冷水を被る行為）を取った。それ以外の時は一心不乱に大山不動尊に祈念したところ、安永三年に入ってから、娘の弁舌は次第に爽やかとなり、両親はこの上もなく歓んだ。また、垢離を取り始めた日から、突如として屋敷の傍らの岩間から養老の滝のように急に清水が湧き出し、垢離を取るだけではなく、これを用水にも利用することができるようにもなった。その結果、貧しかった生活も次第に安楽となり、苦悩もすっかりなくなっていった。さらに彼は真実無垢の人物でもあり、他人が瘧病《おこりやまい》（突如として高熱を発症する熱病の一種）を患っていると、先ほどの清水で千垢離を取り、大山石尊の木太刀を病人に高く掲げさせたところ、たちどころにして病気を平癒させたことが度々あった。しかし、その際に彼らから一銭の報酬を受け取ることはなかった。この専心一途さが大山不動尊の感応に合致したのであり、一所懸命に信心に励むことが肝要である。

②柳島ノ伊左衛門ガ手下ノ者危命助リシ事（第五巻・第四七話）

　宝暦一〇（一七六〇）年五月下旬頃、相模国柳島浦に伊左衛門（当家の過去帳によると、当該時代は善左衛門）という名主が住んでいた。彼は江戸を往来する廻船を四、五艘もつ運送業を営んでいた。ある日、急に烈風が吹いて大波が押し寄せて来たので、浜辺に積んでおいた薪や船積みしていた荷物を取り上げて片付けさせるため、配下の漁師などを呼び寄せた。その内の四人が急に船に飛び乗ったが、波風が強くて瞬く間に沖の方へ押し流されてしまった。渚では竹竿や麻縄などを投入して渚へ引き寄せようと懸命に叫喚したが、ますます距離が離れていき周章狼狽するばかりであった。四人の内三人は長年水に馴れていたので、どうしても助かりたいとして一気に海中に飛び込んで泳ぎ出した。しかし、波風が強くて浮き沈みながら漂流していたが、やがて姿が見えなくなってしまった。一方、船に取り残された一六歳の少年は水泳の心得も十分でなく、飛び込む勇気もなかったので、ただひたすら大山不動尊へ願掛けをして、「一命を救い給え」と悲痛の声を挙げて神号を唱えた。すると、突然、大山の形状が眼前に現れ、それが船と同じくらいの大きさになった。これに取り付いて助かろうとして、「南無大山不動明王」と唱えながら船を離れた。すると不思議なことに、夢の中で五色の縄が自分の手の上に懸ったと感じてこれを手繰《たぐ》り寄せたところ、これ

観音丸の図　藤間家所蔵、茅ヶ崎市教育委員会提供

が陸地から投げ込まれた麻縄であった。人々はこの光景を見て、力を合わせ声を掛け合って遂に渚に彼を引き上げた。（中略）子どもが無事に救出されたとの知らせに、両親は半信半疑であったが、その姿を実見して微笑み喜んだ。人々が「危うい命を不動明王の羂索《けんざく》に繫がって助けられたことは有難い」と大山の方に向かって口々に唱え遙拝すると、やがて風雨も鎮まった。（中略）この霊験譚は、「四人の内三人は溺死したにもかかわらず、自分一人だけが生き残った有難さに信心は一層増大した」ということを、本人自らが大山詣りの際に大山新町の清兵衛宅で語ったのをここに記したものである。それ故、この話は決して根拠のない話、つまり浮説《ふせつ》ではない。

相模川河口の左・右岸には柳島浦・須賀浦という港があり、藤間家は柳島浦で廻船問屋を営む名家である。三代にわたり善左衛門を名乗り、船首に不動明王を配し、船名を不動丸・観音丸・福徳丸などとした絵画も残存していることから、日頃から大山・日向に篤い信仰を寄せていたと思われる。既述したように、当家は稀覯本の『霊験記』全一五巻を保有し、ここで紹介した一話にも取り上げられている。

③相州煤谷《すすがや》村九兵衛ガ孫痢病平癒《りびょうへいゆ》ノ事（第五巻・第四八話）

安永四（一七七五）年八月のこと、相模国煤谷村（現愛甲郡清川村）の山口九兵衛の孫で一三歳になる者が赤痢に罹った。豪農であったので多くの医者を呼んでありとあらゆる治療を試みたが効験は得られず途方に暮れた。祖父の九兵衛は常々大山不動尊を崇拝していたので、孫の病気平癒を祈願して、大山寺の上之院（一二坊の一つ）の伯実阿闍梨に取次いでもらって護摩供養を行い、願が叶って病気が回復したならば七日七夜断食して通夜する覚悟を決めて祈った。すると、病人の気力が増大して病気は平癒したので大山に登山して九月一三日から七日七夜断食して通夜し、護摩供養もして仏恩に報いたという。このように信心が神仏に通じたことで、信心はますます深まり、現世・来世のお勤めも一層熱心になったということを伯実阿闍梨から聞いた。

④木像ノ不動火災ニ焼給ハザル事（第九巻・第七六話）

相模国愛甲郡津久井県葉山島村に中里安左衛門という者がいた。この人物は実直かつ偽りのない人物で、大山不動尊を信仰し、毎年五度の大山詣りを欠かすことはなかった。代々その家には、少し首を右に傾けた、身長三寸（約九センチメートル）ばかりの不動明王坐像があった。安左衛門はこの像を持仏として朝夕礼拝・供養していたが、元禄時代（一六八八～一七〇四）の一一月に火災に遭い、家財は一切消失し、坐像の台座や火焔も炭化してしまったが、不動明王像本体だけは少しも焼けないで無事であった。そこで、安左衛門はこの奇跡の尊像をこのような俗人の不浄な家に安置していたために災難に遭遇したのであろうと思い、隣村の三増村の清徳寺の慶鑁阿闍梨へ寄附した。この件は、自分（心蔵）は若い頃から聞いてはいたが、未だ拝顔したことがなかったので、安永八（一七七九）亥年八月に清徳寺に赴いて、じっくりとその尊容を拝観した。実に殊勝な尊像である。話に出てくる安左衛門は三代前にあたる。その後、自分は今の安左衛門と慶鑁阿闍梨に面会して終日語り合った。

この不動明王坐像のことは、既に本章第一節の「心蔵の人物像」①の所で一部触れたが、さらに驚くべきことが後日明らかとなった。二〇一六年二月、この話の主人公である中里安左衛門の直系の末裔《まつえい》にあたる方から私の所に電話が入った。送付していただいた資料に基づいて検討した結果、御当家所蔵の不動明王坐像（像高一七センチメートル・像巾一四・五センチメートル・惣高三九センチメートル・惣巾二〇センチメートル、材質は柏槇《びゃくしん》）に納めら

不動明王坐像　中里榮子氏所蔵

れていた胎内納入経とその願文に署名を加えたのも、不動明王坐像の開眼供養会の導師を勤めたのも、『霊験記』の作者の養智院心蔵であるということが判明した。胎内納入経の「仏《ぶっ》説却温黄神呪経《せつきやくうんおうじんじゆきよう》」は、僧侶が朝の勤行として唱える真言陀羅尼《だらに》（真言密教で唱えられる長い梵字《ぼんじ》で、翻訳せずにそのまま音読みして効果を得る）とその効能について書き記している。中でもとりわけこのお経は、高熱を発生させる流行性感染症をもたらす七つの鬼神を退散させるために有効な呪文を書き記したお経で、臨済宗や真言宗の毎朝の勤行として唱えられたお経として知られる。

以上の考察から、心蔵・慶鑁阿闍梨・中里安左衛門の三者は大山不動尊を精神的紐帯《ちゆうたい》として、他の介在を許さないほどの強固な絆で結ばれていたといえよう。

以上の四つの事例からも明らかなように、現世利益を達成するのに最も基本的なことは、日常的に大山不動尊への崇敬の念（「勇猛《ゆみよう》の信」）を抱き続けることはいうまでもない。その他に不可欠の実践行動としては、水（塩・千）垢離・大山詣り・断食・護摩供養・手長御供・参籠《さんろう》・懺悔《ざんげ》・陀羅尼（「慈救《じく》の呪《じゅ》」）・正直・納め太刀・迎え太刀・牛王《ごおう》（午玉）宝印《ほういん》（護符）・太々神楽《たいたいかぐら》などを、心蔵は『霊験記』の随所で強調している。

史料のデジタルアーカイブ化

心蔵著『霊験記』全一五巻が現時点で完本として残存している所蔵先は、本書で紹介した藤間家のほか、神奈川県立図書館、伊勢原市大山の先導師の小笠原家・神崎（上神崎）家の四か所のみであることから稀覯本といえよう。研究者の中には、『霊験記』が相当部数板刻され流布したと指摘する向きもあるが、私はそのようには考えない。何故なら、大山は幕末の安政元（一八五四）年末から翌年一月二日にわたる全山大火に見舞われ、ほとんどの堂宇・寺坊、『霊験記』原板は灰燼に帰しているからである。さらにその極少の残存状況、知名浸透度の低さ、奥付の賛同者一覧・墨格のもつ意味合いなども考慮に入れる必要があるであろう。このような観点から、『霊験記』は熱烈な大山信奉者の下で後生大事に保持されて来たからこそ、発行部数が少ない割にはよく残っているといえよう。

　冒頭でも触れたように、『霊験記』はとにかく膨大な史料であり、難解な仏教用語や古語も頻出して難攻不落の書籍である。その所為《せい》か、現在に至るまで、全巻・全話を翻刻するまでには至らなかった。そのため、部分的翻刻や活用・引用例はあるものの、残念ながらその全貌を把捉したものではなかった。一三年かけてようやく読了したのを契機に、著者心蔵の勇猛心にあやかって註付の翻刻を試みた。ようやく解読作業もほぼ完了したので、神奈川県立図書館の「神奈川県郷土資料アーカイブ」を通じて公開させていただくことになった。今後は、新たな大山信仰の展開がみられることを期待して止まない。

第Ⅳ章　大山講の師檀関係

「相州大山繪圖」　神奈川県立金沢文庫所蔵

第一節　大山御師の再生

江戸幕府・高野山による大山寺支配

家康は慶長八（一六〇三）年に江戸幕府を創設すると、同一〇年一月、大山寺に対して慶長の大改革を命じた。その最大の狙いは大山山内から武力を持つ修験勢力を一掃することにあった。これにより、清僧以外の神仏習合の実践者である宗教者、つまり修験者・御師らは自動的に下山し、新たな経済活動を模索せざるを得なくなった。

一方、真言宗の総本山である高野山は、慶長一四年に「大山寺諸法度《しよはつと》」を発令し、前不動より上は女人結界（女人不入）の地とすることは勿論のこと、本尊御供所（大山寺）への取次は清僧のみとし、妻帯（修験者・御師など）の手伝いは不許可とした。取次の対象となる護摩供は毎日行われる祈祷行為を意味し、手長御供は正月朔日・三月三日・五月五日・九月九日の四節句にしか行われず、大山諸神へ供物を備え、宝前に幣帛を捧げ、祝詞を読み上げ、古式の御神楽を奏でて、天下泰平・五穀豊穣を祈願する儀式で、庶民の間では極めて人気が高かった。

そのため、各地の講名に護摩講・御手長講《おてながこう》を名乗り、講集団（講中）を組んで大山詣りをする光景が多く見られた。この結果、下山した修験者・御師らは一二坊の何れかの支配下に組み込まれるとともに、一二坊は彼らを介して莫大な数の檀家と御初穂（御布施）を獲得することになった。

一二坊とは別当の八大坊（午年）を筆頭責任者とし、以下、中之院（子年）・上之院（丑・亥年）・大覚坊（丑年）・広徳院（寅年）・実城坊（卯年）・授得院（辰年）・常円坊（巳年）・宝寿院（未年）・養智院（申年）・橋本坊（酉年）・喜楽坊（戌年）の一一坊の供僧（学僧）から構成され、括弧書で示した年番で大山寺の寺院経営に従事した。その他に大山寺には、大勧進並びに八大坊直属の六脇坊（神力坊・光円坊・宝光坊・長順坊・泉岳坊・祐順坊）、六末寺（観音寺・西光寺・西岸寺・成就院・大仙寺・来迎院）が存在した。

しかし、法度通りにスムーズに事が運んだか否かは疑問で、山内での宗教活動や伊勢・熊野参詣の引導、配札などを巡って、大山寺と山中から排除された修験者、中でもとりわけ天台宗系の修験者らとの間に度々軋轢が生じたことが、『舜旧記《しゅんきゅうき》』（京都豊国《ほうこく》神社社僧の梵舜《ぼんしゅん》の日記）や『本光国師《ほんこうこくし》日記』（南禅寺僧の金地院崇伝《こんじいんすうでん》〔以心《いしん》崇伝〕の日記）などに散見する。

修験から御師への転生

寛文三（一六六三）年五月、寺領内の山伏《やまぶし》・御師らと大山寺八大坊以下一二坊とが激しく対立する事件が発生した。また同六年、大山は大水害による大きな被害に見舞われ、翌年からは大山門前町は新町が新たに加わって、上分三町（坂本町・稲荷町・開山町）・下分三町（福永町・別所町・新町）の六町体制が始まった。事件の真相は定かではないが、前々から山伏五人（天台宗系の修験者）とこれに共闘する御師七人の計一二名は大山寺の新規の寺院経営に不満をもち、大山山内に籠城して度々八大坊と裁判訴訟を起こした。幕府管下の寺社奉行の裁定が下り、事件に関係した修験者・御師らの中で重罪に問われた駒形坊以下の六人（家族も含む）は大山六里四方からの追放などの処分が科せられた。この裁定を契機に、旧山伏勢力は大きく後退を余儀なくされ、新たに大山御師としての活動が頓に活発化するようになった。「御師」という言葉が散見され出すのもこの頃からのことである。元来、御師とは「御祈祷之師」という言葉が簡略化されて生じた言葉である。

このような形勢を象徴するかのように、元禄年中（一六八八〜一七〇四）に大山御師と子安村との間に御師職の職分をめぐる紛争が新たに勃発した。御師側は自分たちの活動は檀家の保持、檀家・参詣人への宿坊の提供、手長御供・護摩供、御札の配札などの大山寺への取次、土産物屋の経営、神事・仏事祭礼の勤仕などであるが、子安村の百姓らがあたかも御師であるかのように振る舞い、檀家を手引きして宿坊経営にまで及んでいるのは不当行為であると主張した。これに対して子安村側は、御師側が主張しているような行為は古くから実施してきており、坂本・別所・新町の者どもからとやかく言われるのは心外である。御師の特権である牛王宝印の配付、檀家からの御初穂の受納なども一切していないと反論した。

元禄一五（一七〇二）年三月に寺社奉行の裁定が下り、子安村から守札の版木と檀那帳を没収するということで、一件落着をみた。その後、再び宝暦二（一七五二）年にもほぼ同内容の事件が発生するものの、寺社奉行の裁定により、子安村での御師職は禁止となった。さらに、寺領外では上粕屋村との争論も展開されたが、これも一件落着して、ようやく大山御師としての活動は安定化していき、大山門前町は安定期・絶頂期を迎えるに至る。

こうした大山門前町の隆盛化は大山に通じる大山道周辺の村落にも大きな恩恵をもたらし、伊勢原の発祥の地である伊勢原村片町周辺では食料・日用雑貨を扱う商店が数多く誕生し、定期市も開かれた。

大山御師の系譜

『新編相模國風土記稿』では、大山には御師職が一六六軒あったと記しているが、その具体的な内容は示されていない。しかし、地元の大山御師である小川監物（景直《かげなお》、大工棟梁手中明王太郎の子孫）が天明六（一七八六）年に作成した『大山社稷《しやしよく》丸裸《まるはだか》』（手中道子家文書）には、その当時の大山寺並びに大山門前町に居住した御師のほぼ全員の系譜が記載されている。書名からして、大山の全体像を鳥瞰《ちようかん》することができるような暴露本的な内容を包含している。これに基づいて、大山寺の二五口の学僧以外の大山御師の系譜を簡略にまとめると、以下の五系統に分類することができる。

①本坊三六坊：真言宗系の修験者（当山派）で、別当・八大坊から居屋敷を賜り、門前町の各所に転居して後に御師となった者が多い。

②脇坊：山伏。供僧（別当以外の一一坊）に協力する手代。

③御師：最初の段階から山下に居住していた者。

④新御師：新たに御師として編入された者。

⑤神家侍者《しんけじしや》：「神家児捨《じしや》」とも表記。当初は数少ない神道系の御師だが、幕末に台頭してきて勢力を拡大。

彼らは大山門前町の六町内と蓑毛村のそれぞれに居住し、宿坊・土産物店経営、大山寺への取次、大山山内の案内、祈祷、配札などを介して檀家の獲得・拡大に従事し、大山の信仰圏の基礎固めに努めた宗教者集団である。この他に大山門前町には、御師以外にも俗御師・只御師や一般の住民も居住していた。

第二節　大山御師の業務と檀家との関係

檀家の獲得

江戸幕府や本山・高野山の寺院統制策によって山内から追放された御師たちは、新たな生業のあり方を模索し始めた。その手立ての一つとして案出されたのが、宿坊の経営と檀家の獲得である。御師たちは山下に成立した門前町の一角に大山詣りの客を収容する施設を開き、主に農閑期には新たな檀家を獲得するために諸国への教宣活動に積極果敢に打って出て、次第に強固な師檀関係を形成していった。御師たちは檀家を獲得すると、自らの諸国檀家帳に登録し、檀家の大山詣りに関わる実務を執行する権利を確保することができた。諸国檀家帳は一種の利権（持株）のようなものになっており、これを他人に売買・譲渡・質入れでもしない限り、一旦師檀関係が成立している所には、他の御師が踏み込むことは一切許されなかった。但し、江戸市中と幕末以降の横浜は開放区とされたため、他の場合とは異なり、御師が競合して檀家の獲得に踏み込むことは認められていた。そのため、一人の檀家が複数の御師の檀家であったり、一つの講中が複数の御師の檀家で構成されている場合もあった。その場合は、講元（講親）がどの御師に所属しているかが優先された。また、例大祭などで自分の持分の参詣客を収容し切れない場合には、御師間の話し合いで他の宿坊に参詣客を廻して受け入れてもらうことはままあった。

御師の檀家廻り

御師の檀家廻りのことを檀廻とか廻檀という。この持続的な地道な努力があったからこそ、大山詣りは隆盛化したといっても過言ではない。檀廻は一般的には農閑期に行われる。その地域は地元の相模国は勿論のこと、関東甲信越・東海・東北・伊豆七島にまで及んでいる。檀廻に際して、先ず大山寺の別当・八大坊に檀廻に赴く旨の挨拶を行う。出で立ちは羽織・袴を着用し、帯刀して出発した。御師一人の場合もあれば、お伴を随行する場合もあった。携行具（両掛）には諸国檀家帳、時としては大山寺縁起ないしは大山寺縁起絵巻、配り物としては大山御守、御札（大札・小札・板札・箱札・奉書札・半紙札・門札など）、護符、急須、杓子《しやくし》、扇子、薬（道中妙薬真《こま》玉丸）、御茶、上八寸箸、大山独楽、昆布など、様々なものが用意されていた。

御師は諸国檀家帳に記載された順番・配付物に基づいて檀廻に取り掛かる。配り物が異なると一軒一軒廻らなければならない村もあれば、ほぼ同じ場合はその村の役人に一括してまとめた物を託す場合もあった。檀家からは初穂料としてお金・米・小麦・稗《ひえ》・粟《あわ》・大豆・小豆などが施入されるが、これらはその村ではなく次の村で換金して持ち運んだ。このうち、大豆は豆腐製造の具材として大山に持ち帰り、大山詣りの客に精進料理の一品として提供され、大山名物の一つとなる。大山山内の開山町と稲荷町間の旧坂を「豆腐坂」というが、大山詣りの客が咽喉越しの良い大山豆腐を頬張《ほおば》りながら登っていったことから命名されたという。

檀家は、関東甲信越・東海・東北方面に散在しているため、檀廻は日数を懸けて行われるのが常であり、年に百日以上にわたることもあった。その間、宿泊する家はほぼ決まっていた。村によっては、大山御師だけが泊まる専用の部屋まで用意されている場合もあったという。檀廻中には縁起や霊験譚に基づく大山信仰の教宣活動、加持祈祷、人生相談、例大祭・護摩供・手長御供に向けての事前交渉（予約の取次）なども行われた。

檀廻を介して得た初穂料は御師の経済を支える重要な役割を果したが、檀廻が終了すると別当・八大坊に無事帰還したことを報告することが義務付けられていた。その際、檀廻での収益の一部は別当・八大坊に上納した。併せて、諸国の情勢についても報告することも求められていた。

御師と檀家

大山の例大祭の時期を迎えると、江戸周辺の中・下級の庶民は講を組織して動き出す。大川（隅田川）の両国橋東詰（後に少し下流に移転。現東京都墨田区両国一丁目にあり、縮小した形で現存）で千垢離を取り、白装束の浄衣と笠を身に纏い、中には御神酒枠（往きに御神酒を入れ、帰りに他人が奉納した御神酒や水を貰って帰る）や納め太刀を担いだり、雨乞い用の竹筒や頂上に奉納する石などを携行して一路大山を目指した。大山への経路（大山道）は多種多様であるが、最終的には全ての道は大山へ収束して行く。大山詣りの客の便宜を図って、それぞれの道筋には大山道標・縁台・休屋・旅籠などが設けられた。道標によると、大山詣りが本格的に始動し出すのは寛文年中（一六六一～七三）頃からである。

大山入りすると、檀家は師檀関係にある御師の宿坊に泊まる。各宿坊には「講中札《こうじゆうふだ》」という板札が用意され、檀家を迎えてくれる。現代でも残存しており、これを「板まねき」ともいう。これは講を組織している集団が霊場を参詣するにあたって予め作成して置いたもので、旅の途中の旅籠や目的地の御師の宿坊入口に掲げられるものである。これには表面に目立つように標識（ロゴマーク）と講名が大きく書かれ、裏面には参詣した年代と世講元・世話人一同の名前などが記されている。中には軒先に同内容の布切れを風に靡かせて見えるようにしたものもあり、これを「布まねき」という。今日でいえば、「歓迎　○○様御一行」ということになろう。

また、門前町を歩いていると、檀家や講中が寄進・奉納した石碑・石燈籠・手水鉢《ちょうずばち》が散見されたり、立派な石造の瑞垣で囲まれた宿坊をよく見掛けるが、それらには大山詣り何周年記念を期して寄進した講中や寄進者の名前が必ず刻まれている。さらに宿坊には檀家が御師宅に奉納した納め太刀・食器類・衣類などもかなり残存しており、師檀関係が深い絆で結ばれていたことを知ることができる。

板まねき（上）と瑞垣（下）　伊勢原市教育委員会提供

御師の業務は、大山詣りにやってくる檀家への宿坊提供だけに止まらなかった。御守・御札・護符などの配付、御浄衣の準備から始まり、檀家を先導しながらの垢離場・山内への案内・誘導、大山寺への取次手配（護摩供・手長御供）など、様々のおもてなしの精神が求められた。今日でいえば、旅行代理人（ツアーコンダクター）のような役割も御師の重要な業務の一つであった。特に大山寺との関係では、檀家は護摩供や手長御供の執行を直接に大山寺に依頼することは認められなかった。そこで、手順としては、先ず御師を仲介して一二坊に取次を頼み、それを受けて一二坊は本寺・大山寺不動堂に取次を依頼し、裁可が下ればようやく執行するというような仕来りになっていた。取次寺院(一二坊)の中では、中之院・大覚坊・授得院の三か寺が有力で、全体の半分以上を占めた。こうした取次制度の確立によって、大山寺・取次寺院はかなりの経済的収益を上げることができ、檀家と取次寺院との仲介者である御師は必然的に取次寺院の配下に組み込まれていった。

『開導記』からみた檀家数

安政元(一八五四)年末の大火で、大山はほぼ全山を焼失するという未曽有の危機に陥った。時の大山寺の第一六代別当・八大坊覚昶は、財政危機に陥っている幕府からの大山寺再建のための財政援助が期待できないことに焦りを覚え、全御師から諸国檀家帳を強制的に提出させて財源確保の算段を図ろうとした。この方策は、檀家帳自体が特殊権益(持株)であると認識している御師らの猛反対を受けて取り下げとなったが、別当・八大坊が御師らの白川家入門の挙状を発行するか否かを巡って混乱状態の真っ最中にある大山を尚一層泥沼化状態に陥れ、もはや事態の収拾は不可能となった(第Ⅰ章第三節を参照)。

しかし、明治時代に入り、新政府の神仏分離令の追い風を受けて、明治六（一八七三）年に大山阿夫利神社の初代祠官として国学者権田直助が就任した。彼は大山の一大改革として、御師の家に代々家宝として秘蔵されていた諸国檀家帳の提出を命じ、これを禰宜に筆録させて、全八巻からなる『開導記』を集大成した（大山阿夫利神社文書、大山阿夫利神社編『相模大山街道』所収、一九八七年）。その成立年代は明らかではないが、史料の書き込み記事の中で最も古い年紀が明治一六年であることから、それ以前の成立と考えられる。

表Ⅲ　檀家数府県別集計表

府県	御師	廻町村数	檀家数
神奈川	106	2,413	80,907
東京	67	1,028	53,159
埼玉	67	2,310	137,520
千葉	52	2,778	121,193
茨城	25	2,211	65,854
栃木	22	1,109	41,204
群馬	22	881	62,796
静岡	39	1,618	90,366
山梨	17	460	12,468
長野	8	278	5,164
新潟	1	13	141
福島	5	616	23,356
計	(431)	15,715	694,128

田中宣一「明治初期における大山講の分布」を参考にして作成。

この『開導記』に記載された大山講の檀家数を現在の都道府県別に集計すると、《表Ⅲ》のようになる。これを見ると、大山講は地元相模国を中心として、同心円的に拡大し、関東甲信越、さらには東海・東北地方の一部にまで拡散していることがわかる。集計の結果、総講数は一万五七一五、総檀家数は六九万四一二八軒に及んでいる。しかし、開放区とされた江戸市中（のちの東京府）・横浜はほとんど記載されていないので、実数はさらにもっと多くなるのは当然のことである。

大山講

大山講とは大山御師の幅広い教宣活動が契機となって形成され、相模国大山を信仰の対象とし、大山不動・石尊大権現に参詣するために組織された結衆（講）集団のことをさす。講中は関東・甲信越・駿遠豆に広く分布しており、現在でも活発な活動を展開している。講の名称には太刀講・御神酒講・太々《たいたい》講・梵天《ぼんてん》講・護摩講・手長講など様々な講があるが、中でもとりわけ、江戸の日本橋小伝馬町に結成された御花講《おはなこう》（明治時代以降、一時奉幣《ほうべい》講と改名）は、夏山の初日に当たる六月二七日（現在は一か月遅れ）の山開きに際し、頂上への登拝門の扉を開ける役割を担って今日に至っている。この講が結成されたのは元禄元（一六八八）年以前であるといわれ、講名は大山不動に造花を奉納したことに由来しているという。講中では、大正年間まで大山寺には牡丹を、大山阿夫利神社には榊を奉納していた。講中が大山詣りをする経路は一定しており、彼らは東海道を一路西に進み、藤沢宿の先の四ツ谷で右折する四ツ谷通・田村通大山道を利用したことから、この道を「御花講道」ともいう。

第V章　旅案内書・旅日記からみた近世の大山

北斎「鎌倉江ノ嶋大山　新板往來雙六」（部分）
神奈川県立金沢文庫所蔵

第一節　旅案内書からみた近世の大山

近世の大山に関係した旅案内書

従来の大山信仰の研究では、近世の大山詣りに関係した旅案内書を真正面から取り扱った論文はほとんど無い。毎年開催している大山公民館夏季講座の教材をいろいろと物色しているなかで、近世の大山の原風景を生き生きと記述した史料が幾点かあることが明らかとなった。

取り扱う史料を年代順に列挙すると、玉餘道人《ぎょくよどうじん》著『相州大山順路之記』（東京国立博物館所蔵、冊子本、刊行は寛政元（一七八九）年）、秋里籬島《あきさとりとう》著『東海道名所圖會《ずえ》』（川島敏郎家所蔵、冊子本、刊行は寛政九年）、華坊兵蔵《はなのぼうひょうぞう》著『相州大山参詣獨《ひとり》案内道の記』（国立国会図書館所蔵、折本、刊行は寛政から文化年間（一七八九〜一八一八）か）である。

『東海道名所圖會』を除いた二点は未だ翻刻化されておらず、いわば埋もれていた史料といえよう。ここでは、旅案内書の原史料三点を口語訳し、その内容を整理して解題したものを紹介することにしよう。今後の大山研究の一助になれば幸いである。

『相州大山順路之記』

江戸時代中期以降になると、江戸周辺の地廻り経済が急速に発展した。それにともなって、ある程度の生活の余力をもった江戸の中・下級庶民は、信仰と娯楽を兼ねて近隣の名所・旧跡への物見遊山に出掛けた。その目的地として脚光を浴びたのが、東方では成田山・香取・鹿島、西方では富士山・大山・日向山・江ノ島・鎌倉・金沢八景、北方では高幡不動・高尾山・御嶽《みたけ》山《さん》などであった。

本書は題簽《だいせん》（表紙に書名を張り付けた紙片）に『相州大山順路之記』とあるが、実質は大山・江ノ島・鎌倉・金沢八景の名所・旧跡巡りの旅案内書である。作者は玉餘道人で、いろいろと調べてみたが、正体は判っていない。表紙に「大山参詣必携弥書《ちんしょ》也」と書き込みがあり、凡例として大山の事蹟については頼れる書物はなく、『大山寺縁起』に基づき、境内絵図や最近古老から入手した参詣の覚書を参考にして記録し、不足分は後で補填する旨を記していることから、本書は大山の案内書の先駆け本と考えられる。

『相州大山順路之記』表紙
東京国立博物館所蔵
Image : TMN Image Archives

相模国大山は江戸から一八里（約七二キ

ロメートル）にあり、頂上には石尊大権現が祀られ、中腹に本堂、その下に前不動がある。東海道の起点である日本橋から大山に向かうには、品川・川崎・神奈川・程ヶ谷宿を通過して、柏尾《かしお》から大山へ通じる追分（分れ道）がある。この柏尾通・戸田通大山道を進んで行くと、長後・用田・恩馬《おんま》を経由して伊勢原に至ることから、これを恩馬街道ともいう。東海道が混雑している時は一里も近道であるが、不便なこともある。ここを右折しないで戸塚・藤沢宿へ直進すると、藤沢宿の入口に当たる遊行寺がある。橋を渡ると江ノ島の一ノ鳥居がある。左折しないで直進してしばらく西に行くと、四ツ谷という大山へ通じるもう一つの追分がある。ここには石造の大山道標がある（大山一ノ鳥居もあるが記述はなし）。この四ツ谷通・田村通大山道を進んで行くと、相模国一の宮（寒川神社）・田村（船渡し）を経由して伊勢原に至る。

大山の玄関口である子安の銅鳥居（三ノ鳥居）を潜り抜けて大山門前町を進むと、道の両側に御師が経営する宿坊が一三六軒ある。彼らは諸国にお札配りをしながら檀家廻りをしている。門前町には福永町に愛宕《あたご》滝、別所町に大滝、開山町に良弁滝があり、参拝者はこれらの滝で水垢離を取ってからお詣りをする。

雨降山大山寺は高野山（真言宗）の末寺、開山は良弁僧都で、鎌倉由井（由比）の長者の太郎大夫時忠の一子である。幼児期に鷲に攫われ高野山（東大寺の誤り）で成長し、碩学《せきがく》多才で後に大山寺を開創したと紹介しているが、このことは大山寺縁起に詳細に語られていると述べている。寺院経営を保証する寺領は二〇〇石としているが、実際は一五七石余である。石尊大権現が祀られ、役行者《えんのぎょうじや》（役小角、修験の祖）が開拓した頂上は通常は参詣が禁じられているが、例大祭の六月二八日（二七日）から七月一七日まで、初山・七日道（堂）・相（間）の山・盆山と区分して信者の入山修行が認められる。登山口は大山寺の左手の八ノ鳥居の所で、そこから頂上まで半分ほど登ると朝日を礼拝する来迎谷がある。ここには奉納された半鐘や金属盤などがあって、人々はこれを撞く。左方には富士山へ通じる道があり、これを「蓑毛越え」という。山頂には石尊大権現、大《だい》天狗社、小《しょう》天狗社などの諸社が祀られているが、ここに至る道は笹が生い茂りぞっとするほど恐ろしい所で、登山者は何も喋らず慎んで通行する。またこのお宮前には瑞垣（神垣）があり、大小の納太刀・御神酒・大石などを奉納する者が群がり集まる。

例大祭以外の通常の参拝の場合にも言及し、不動堂のある大山寺に辿り着くには、くねくねした道伝いに険しい岩壁をよじ登って進む男坂と、足が丈夫でない人に適した女坂があることを記している。そして、その坂を登りきると別当が住む八大坊、その傘下の供僧の一一坊、脇坊六軒などの塔頭《たつちゆう》があり、自然景観が絶妙である。周辺には滝が所々にあり、清涼感が漂っている。ここから北東に少し行くと、良弁が荒行を行ったとされる二重滝や塔も見える。この道は日向山に通じる道である。日向には薬師如来があり、その麓は市（一）の沢（浄発願寺《じようほつがんじ》）

と称し、丹誠（弾誓）上人縁《ゆかり》の旧跡である。
不動堂には願行上人作の不動明王像が安置されている。その他、護摩堂・開山堂・鐘楼・末社・諸堂などがあり、不動堂の背後には三社権現（蔵王権現・富士浅間宮・毘沙門天王、鹿島大神宮・明王大権現・石尊大権現、熊野大権現・山王大権現・天照皇大神宮）が祀られている。不動堂から前方（南方）に広がる眺望は絶景で、ここから江ノ島を眺望することができる。左手には鳥居がある。これは石尊大権現へ参詣するための道であるが、この所に中扉があり、通常は閉じられている。締め括りに大山土産物の挽物《ひきもの》細工（盆・椀・箸・杓子・大山独楽など）を紹介し、その品質は箱根細工にもひけをとらないと評価している。
大山詣りを達成したあとは江ノ島詣りに向かう者が多いことから、その指示として、田村通・四ツ谷通大山道を利用して藤沢宿に戻り、その小字の車田《くるまだ》という所から江ノ島に向かうことを推奨している。この道を江ノ島脇往来とか江ノ島往来という。大山から江ノ島までの距離は七里半である。

『東海道名所圖會』

本書は寛政九（一七九七）年に老舗書物問屋の須原屋茂兵衛などから出版された。上方《かみがた》を起点として江戸に下る形式で、東海道の名所・旧跡を紹介した旅案内書である。その第五巻の末

『東海道名所圖會』から大山寺

尾に大山の叙述がある程度詳しく紹介されている。作者は秋里籬島（生没年不詳）で、江戸中期から後期の読本作者・俳人である。代表作には旅案内書『都名所圖會』・『近江名所圖會』のほか、『源平盛衰記圖會』・『誹諧早作《つくり》傳』などがある。

先ず冒頭に大山境内図を掲載して大山の概観をイメージさせ、大山寺の説明に入る。大山寺は（古義）真言宗の当山派に所属する修験道の寺院で、別当八大院（坊）が傘下の諸坊を統括している。その外に御師が（伊勢原側に）一五〇余軒、蓑毛に一五軒あり、これらは皆修験である。上方からの参拝者は、相模国小田原宿から左折して蓑毛まで六里半（約二六キロメートル）の道程を要する。一方、江戸から参詣する者は藤沢宿の西方にある四ツ谷から右折して子安村まで五里を要する。ここから前不動までは二八丁（約三キロメートル）であるが、この間坂道の両側には御師・旅籠・茶店などの民家が軒を連ねている。ここには大山名物の挽物細工の店が多い。坂道はすべて石段からなり、その数は一万五千余もある。前不動から本堂までは一八丁で、男坂・女坂という険しい道が立ちはだかり、岩石が多くて歩きにくい。

本尊の不動明王像は良弁僧正の作といわれ、身丈は五尺（約一五〇センチメートル）で南を向いている。本堂の西には行者堂があり、役行者が安置されている。本堂の後方には天照大神・山王・熊野・大黒天・春日・石尊・不動尊などが安置されている。本堂より一丁ほど上方には白山祠《はくさんのやしろ》がある。その他、周辺には「寛永十八（一六四一）年辛巳十一月廿日　大檀那従《じゅ》一位左大臣　源（徳川）家光公」の銘をもつ鐘楼、山門、経蔵などが散在している。滝としては、福永町に新滝（愛宕滝）、開山町に良弁滝、別所町に大飛泉《おおたき》（大滝）、さらに本堂から三丁北に二重滝、その傍らに青竜権現の祠がある。

本堂から険しい道を二八丁登ると、山頂の石尊大権現社に至る。ここは女人禁制である。勿論、常日頃は諸人の参詣も禁止されており、本堂の左手にある中扉は閉じられて登る者はいない。しかし、毎年六月二七（二八）日から七月一七日までは参詣が認められるので、江戸及び近国・近郷から夥しい数の人々が群参する。

山頂に祀られた祭神は大山祇命で、ご神体は岩石である。伝聞によると、日本武尊《やまとたけるのみこと》が蝦《えみ》夷《し》征討の時、この岩上に腰をかけ、休憩を取ったという岩石である。ある説によると、親鸞聖人《しょうにん》が相模国を七か年布教した時、大山に登山して、この石面に「帰命尽十方無碍光《きみょうじんじっぽうむげこう》（阿弥陀如來《にょらい》」の十文字を彫り込んだということである。また本願寺（浄土真宗）第八代蓮如《れんにょ》上人（法名兼寿）が大山登山して、ここを崇拝してその旨趣を認めた御文《おふみ》が伝来するという。その他、末社として徳一権現社・風雨両社・大天狗社・小天狗社などが石尊大権現社の周囲に祀られている。

以上、大山の概観を一瞥した後、いよいよ大山寺の縁起の説明に入るが、その内容は第Ⅱ章と重複するのでここでは割愛する。ただ、文末に良弁の父とされる染屋太郎大夫時忠について言及した記述があるので紹介しておく。時忠の出自について、一説には近江国志賀里、一説には相模国由井里なる説がある。私（籬島）の考察では、時忠は藤原氏の出身で、淡海公《たんかいこう》（藤原不比等）の後裔《こうえい》である。このことから、時忠の領地は近江国にあったと思われる。一方、相模国は時忠の任国であることから住居を構えたのであろう。それ故、彼の出自を近江国といったり、相模国といったりするのは、これに起因していると考えられる。

『相州大山参詣獨案内道の記』

作者は、奥書から江戸神田鍛冶町二丁目東側（現東京都千代田区神田岩本町付近）に住む華

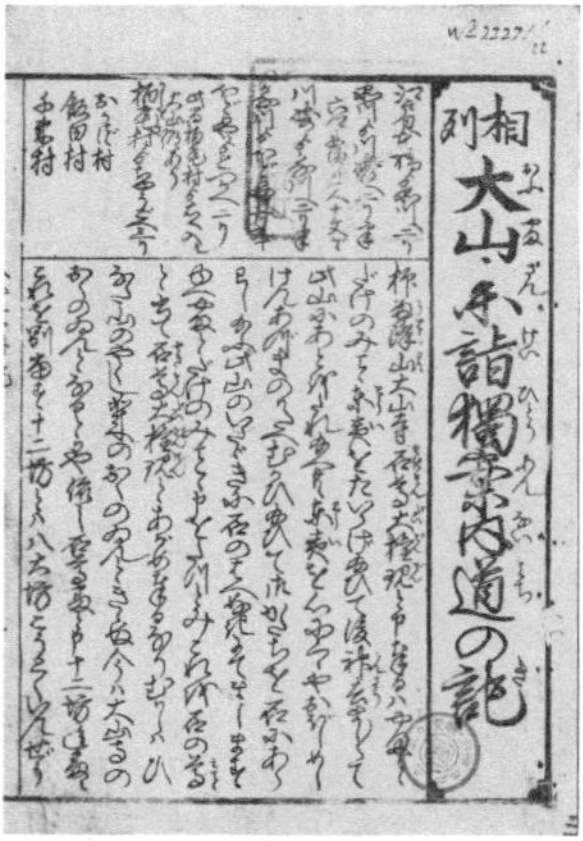

『相州大山参詣獨案内道の記』
国立国会図書館所蔵

坊兵蔵である。刊行年代は不明であるが、彼には代表作として、寛政八（一七九六）年刊の『聖徳太子御一代記』という作品があることから、一八～一九世紀の交《こう》（寛政～文化期）と推考する。既述の二書も含めて、この時期の大山関係史料は実に豊富で、まさに大山信仰の絶頂期を物語っている。

本書の形態は一見すると冊子本のように見えるが、実は折本である。旅行用に折り畳んで携行しやすくした大山詣りのガイドブックといえよう。本書は、大山の歴史、大山山内の様相、大山参詣の際の心得などを漢字・平仮名交じり文で平易かつ詳細に紹介している。中でもとりわけ山内の難所である男坂の記述は類書には例がなく、そこに祀られていた諸神仏が現在失われてしまっているだけに貴重である。さらに、この当時の寺社参詣は講による集団行動で行われるのが通例であるのに対して、一人で現地を訪問して信仰となる対象を一つ一つ確認しながら大山詣りをゆっくり楽しむことができるように配慮されている点も斬新かつ画期的である。

本書は鼇頭《ごうとう》（頭書《かしらがき》）と本文の二部構成である。当時、江戸から大山への道程はいろいろあるが、頭書では江戸日本橋を起点とし、東海道を利用して一路大山を目指すルートを提示している。その際、戸塚宿の手前の柏尾村から右へ入る大山道沿いの村々と、藤沢宿を越えた四ツ谷から右へ入る大山道沿いの村々を紹介し、これら二つに分岐した大山道は伊勢原の石倉で合流するとしている。また、二つのルートの場合、参詣途中、それぞれどの辺りで宿泊したらよいのかも提示している。

本文で石尊大権現の由緒を説明した後、江戸時代後期の大山寺の組織について若干触れ、開基を良弁としている。大山の麓にある子安村から大山山内の説明に入り、参詣に当たっての心構えとして、諸滝での垢離による六根清浄《ろっこんしょうじょう》を強調している。これが終わると、参拝者は山内の入口の前不動に立つ。ここで道は右折すると険しい男坂道、左折すると比較的緩やかな女坂道とに分岐する。

本書では往路として男坂道を登っていくルートを選択している。本堂の山門までに三〇もの坂（それぞれ末社・摂社を勧請）があり、各所の諸仏・菩薩・神・王・御堂などをお参りしながら進む。この間、第二七番目の坂を登ると二（仁）王門が、第二八番目の坂には大山寺を統轄する別当・八大坊上屋敷（現在、跡地は東屋《あずまや》のある小公園）があり、さらに登るとその傘下の一一坊が第三〇・三一番目の坂周辺に散在している。その左手に経堂があり、ここには茶湯参りの地蔵菩薩坐像が安置されている。近在の人々は父母が死去すると百一日目にこの地蔵へ参詣して亡き御魂を供養することから、「百一日参りの地蔵菩薩」と称して尊崇されているという。また、茶湯供養会は女坂道の途中にある茶湯寺で執行してくれることも紹介している。経堂の先の階段を登り切ると本堂（現大山阿夫利神社下社の場所）に至る。ここには鉄鋳の不動明王坐像・脇侍二童子像が安置され、その周辺には八幡神・山王社・富士大権現などの諸神も勧請され、さしずめ神仏習合の総体の感がある。

本堂の左手へ廻ると赤銅の鳥居がある。ここから石尊大権現への道であるが、「女人禁制」となっていて女性は足を踏み入れることはできないと注記している。またここから秦野の蓑毛、さらには富士参詣への道（富士道）が通じていたことも触れている。

山頂へ続く登山道はくねくねと幾重にも折れ曲がり、途中難所も若干ある。目標とする山頂に辿り着いたら、先ず小天狗社、続いて大天狗社、そして最後に石尊大権現の順にお詣りして、後はひたすら下山となる。本堂に戻ったら、復路は往路の男坂道とは異なり、駕籠でも往来したという女坂道を下って行く。右手に多数の石仏群を、左手に死者の百一日供養で有名な茶湯寺を見ながら元の前不動に戻る。

ところで、古老からの聞き取りによると、大山山中の男坂に祀られた数多の小社や御堂は、一般的には「お末社《まつしゃ》」と呼ばれていた。末社であるから大山寺（明治以降は大山阿夫利神社）の管轄と思われがちだが、実はそうではなく、一社毎に御師（明治以降は先導師）や茶店などの個人の所有・収益となっていたという。特に夏の例祭の期間中は、その持ち主宅では終日その場の傍らに詰めて、「祓ひ給へ、清め給へ」とか、「清めの水清めていらっしゃい、道中安全、家内安全、商売繁盛」などと連呼して、参拝とお賽銭を求める光景が各所で見られたという。一度に沢山の参詣者が殺到するので、その収益たるや相当のものがあったのではないかと想像される。しかし、アジア・太平洋戦争が激しさを増し、度重なる自然災害による破損などにより、そのような光景も次第に見られなくなっていった。

本書以外に、江戸時代の大山山内のことを事細かに説明した類書として、猪股豊政著『相模國雨降山細見之扣《ひかえ》』（猪股三郎家文書。川島敏郎『相州大山信仰の底流』〔山川出版社二〇一六年〕を参照）がある。この二書にさらに「相刕大山之繪圖」（国立公文書館所蔵、江戸期に大山御師である坂本町居住の佐藤中務か開山町居住の佐藤大住が、版木を使用して大山参詣者に増刷・配付したと思われる大山境内図）を参考とすることで、江戸時代後期の大山の風景を復元することも可能ではないかと考える。

第二節　旅日記からみた近世の大山

近世の大山に関係した旅日記

本節では、この時代に実際に大山詣りを行った人物の旅日記を介してその実態に迫ってみよう。取り扱う史料は、坂本栄昌《さかもとえいしょう》著『雨降山乃記』（宮内庁書陵部所蔵、冊子本、筆記は寛政三〔一七九一〕年）と作者不詳『富士・大山道中雑記　附、江之嶋・鎌倉』（神奈川県立金沢文庫所蔵、冊子本、筆記は天保九〔一八三八〕年）の二点である。前者は未だ翻刻されていない史料であり、後者はかなり以前に神奈川県図書館協会編『神奈川県郷土資料集成』第六輯（一九六九〔昭和四四〕年）に翻刻されてはいるが、意外と知られていない貴重な史料である。前節同様に、原史料二点を口語訳し、その内容を整理したものを解題して紹介しよう。

なお、この時代に生きた文化人の渡辺崋山（蘭学者・文人画家・三河国田原藩家老）は、矢倉沢往還（青山道）を旅して『游相日記《ゆうそう》』を著している。その際、厚木の名士らと歓談し、斎藤鐘助（利鐘《としかね》）に乞われて「厚木六勝図」の一風景として「雨降ノ晴雪」を遺している。また、幕府の外交政策を批判して蛮社の獄（天保一〇年）で処罰され、三河国田原藩に護送される駕籠の中から、激しい腹痛に苛まれながら、東海道の四ツ谷の追分の所で、大山道の道標「是より右　大山みち」のスケッチを見事に描き切っている（『客坐掌記』）。その道標は、現在、伊勢原市子易の大山新道の傍らに移建・復元されていることを付記しておく。

『雨降山乃記』

本書は、江戸時代後期の流行紀行作家の坂本栄昌が友人を誘い、寛政三（一七九一）年七月四日から七日にかけて、初めての大山詣りをした時の三泊四日の旅日記である。時折しも、大山の例大祭の七日堂（七月一日から七月七日まで、七日道とも書く）の時期に相当する。日記は道中の随所で詠じた和歌一六首を織り交ぜながら展開する。栄昌は『旅のくちずさみ』（寛政七年）など数々の温泉紀行文があることで知られる。

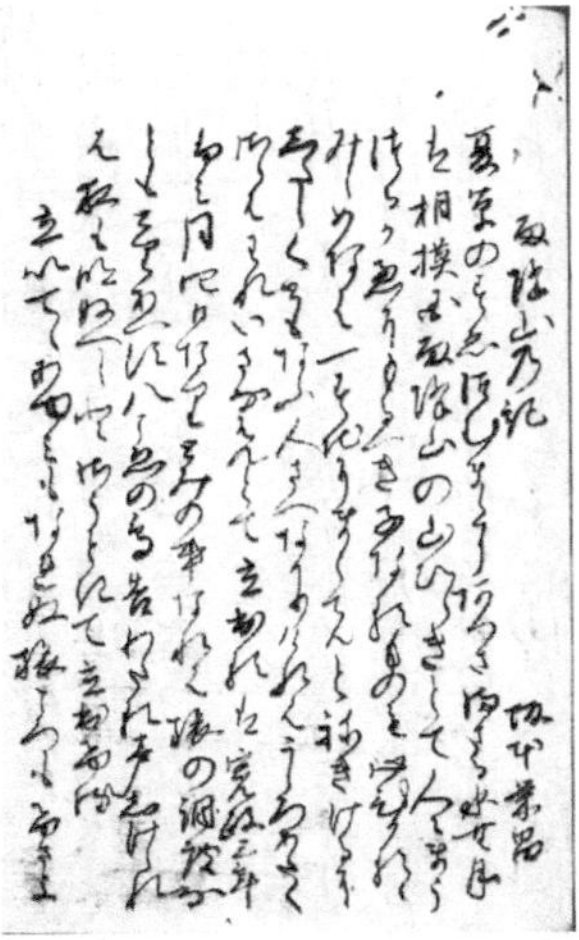
『雨降山乃記』　宮内庁書陵部所蔵

一行は四日の夜明けに江戸を発ち、大山を目指して東海道を西へと進んだ。芝・八ツ山・

品川・鮫津（鮫洲）を経て、船で澄みきった六郷（現多摩川）を渡って川崎宿に至った。その後、市場・鶴見・生麦を経て神奈川宿で一休みした。程ヶ谷宿を過ぎ、武蔵国と相模国の国境に当たる信濃（品濃）坂を越え、さらに戸塚宿での執拗な客引きも振り切って、その日は藤沢宿で一泊した。

翌五日、不慣れな旅路の所為か、うっかりして東海道四ツ谷から右折する所にある「是より右　大山みち」と刻まれた大山道標を見逃してしまう。木の間から前方に富士山が見えるのは珍しいと思いつつ遙か前方の村里で聞いてみたところ、「ここは南湖《なんご》（現茅ケ崎市）という所で、四ツ谷は二里（約八キロメートル）も後方だ」との返答が返ってきた。不案内のまま進むのも心細くなり、無料の俄か案内を雇って畑の中の細道を分け入りながら進んだ。町屋・今宿・萩曽根村（いわゆる柳島道）を経由して田畑《たばた》（現寒川町田端）に至り、ほっと一息ついた。ここまで来ると、ようやく四ツ谷通・田村通大山道に合流し、往来の人は絶えることはない。相模川（馬入川）を渡り、その後は遥か遠方に大山を見ながら、下谷《したや》・伊勢原・〆引《しめひき》・子安に至った。

まだ陽《ひ》も高いので、当地で旅案内人が薦める、貧相でもなさそうな駒屋という旅籠屋に宿を取ることにした。先に入宿した人たちも「一緒に行きましょう」といったので、誘い合わせて先ずは大滝で垢離を取り、精進潔斎した。この日は雲が深く垂れ込み、木々の緑もはっきりせず、川の流れや滝の音が谷間にこだまして空恐ろしいほどであった。参道をしばらく登って行くと前不動に出る。ここから道は二手に分かれ、右手に進めば険阻《けんそ》な男坂、左手に進めばやや緩やかな女坂となる。一行がどちらを選択したかは、険しい坂の途中に諸々の神仏が祀られ、そこで「きね」（祈祷師、つまり御師）が様々なお祓いを施している（他書にはなし）との貴重な記載が散見することから、男坂を選択したことがわかる。さらに登ると、本堂の大伽藍に至る。ここで参拝者たちが口々に真言陀羅尼《だらに》（呪文）を唱えているのは尊い光景で、自らも頭を地面に付けて礼拝した。

本堂の左手には木戸があり、木戸口は六月二八（二七）日から七月一七日まで開扉され、頂上の石尊大権現社まで険しい山道を登って参拝することができる。しかし、邪心がある者は登ることはできないというのも納得できる。険しい坂道を二八丁（約三キロメートル）ほど登ると鳥居がある。参拝者は各自石を持ち寄って鳥居の傍らに置くので、いつしか石は鳥居の高さにまで達するほどになる。その傍らに半鐘があり、さらに先に進むと小天狗社がある。その少し上に石尊大権現社がある。参拝者はここで神の名を唱える。自分も頭を地面に付けて礼拝した。これよりさらに上には大天狗社がある。少しでも滞在することができない恐ろしい場所と聞いてはいたが、それほどとも思えない。また山の頂上付近をぐるりと一廻りすることを「八龍」（他書には記述なし）といい、その際は無言で廻らなければならないという。

最大目的の参拝を無事終了して、いよいよ下山にかかる。おそらく帰路は女坂を利用したであろう。前不動辺りで陽がとっぷり暮れてしまい、遙か先方に灯火が仄かに見える程度で、そこがどこかも判らない状態であった。一緒に登った者にも遅れ、不安に駆られていたその時、宿から灯火を持って迎えに駆けつけてくれた人にばったり出会えて、嬉しくも一緒に帰ることができた。まかり間違えば遭難という、不測の事態をも招来しかねない状況であった。飲食を取り、風呂を浴びたりして、「今日、一緒に大山詣りした連中は、前世からの因縁が深いものがある」などと語り合っているうちに、まだ初秋の短い夜は更けていった。床に臥しながら、「夜明けとともに出立する」といって、お互いに別れた。この日（六日）は神奈川宿に一泊した。九日（七日の誤り）早朝に宿を出立して、夕暮れには我が家に帰宅した。

栄昌は旅慣れた紀行作家として知られるが、東海道四ツ谷での大山道標の見落としや大山山中での遭難寸前の危機的な状況など、旅には失敗・不安・焦燥・危険などが付きまとうものであるということも赤裸々に告白している。

『富士・大山道中雑記　附、江之嶋・鎌倉』

本書は、甲斐国府中（現山梨県甲府市）近郊に居住する六名が、江戸時代の後期に富士山・大山・江ノ島・鎌倉などを参詣・巡礼したことを記録した一〇日間の旅日記である。作者は不詳であるが、大人《うし》（学識者）・郷宿《ごうやど》（城下町などに公務出張してきた村役人らを宿泊させた公定の町人宿で、訴訟調停も行った）経営者など五名が下僕一名を伴って旅立ちしていることから、在方（地方《じかた》）でもかなりの財力と教養とを兼ね備えた人たちではないかと推考される。筆記された年代は、表題の一部に「戌《いぬ》六月廿五日出立」との記載があるのみで特定は困難と思われた。しかし、全文を通読したところ、被災した鶴岡八幡宮の再建（文政一一〔一八二八・子〕年八月）、八幡陣屋（天保二〔一八三一・卯〕年に三卿《さんきょう》清水家領に設置）、江川太郎左衛門の多磨郡預り小仏関所代官拝命（天保九〔一八三八・戌〕年一月）などの記事から、この「戌」年は天保九年に相当すると考えて誤りないと思う。甲斐国では二年前、天保の飢饉の際に、都留郡上谷村での穀物商による百姓への売米の差留め行為を発端として郡内騒動の打ちこわしが発生し、幕命を受けた近隣諸藩の藩兵が出兵して、同年にこれを鎮圧したばかりの頃で、とにかく慌ただしい政情不安の中での出立であった。なお、大山詣りが他所の参詣、物見遊山を兼ねることがしばしばだったので、この史料については大山以外の地域も簡単に解題する。

一行は六月二五日に三卿清水家領の甲斐国八幡陣屋（現山梨県山梨市）を出立する。同国一ノ宮浅間神社を参拝して旅の安全を祈願し、黒駒宿・御坂峠・藤の木宿を経て、上吉田宿口（二五日泊）から今回の旅の第一目的である富士山詣り（八合目、二六日泊）に挑む。その当時、富士山の山開きは旧暦六月一日から七月二六日であった。悪天候に苦闘しながらも、無事に富士山詣りを済ませて須走《すばしり》宿に至る。ここで旅の連れの一人、久兵衛は何らかの理由で帰宅する

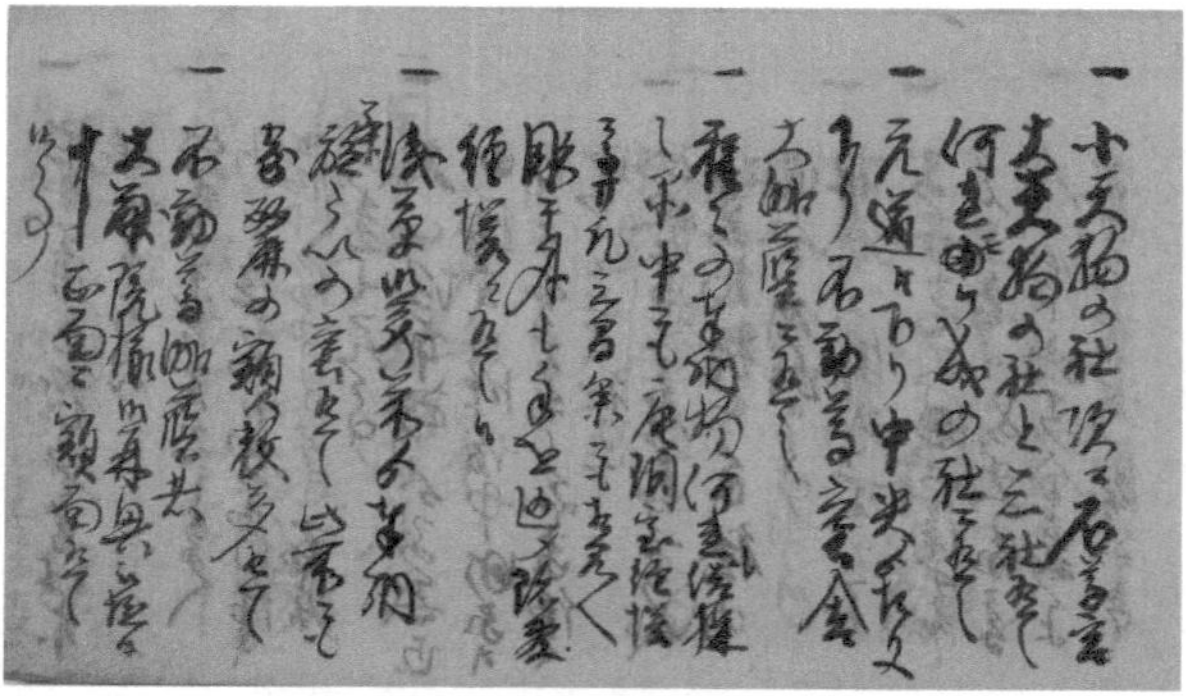

『冨士・大山道中雑記　附、江之嶋・鎌倉』　神奈川県立金沢文庫所蔵

ことになり、あとは五人旅となる。

須走宿から矢倉沢往還に入り、竹の下宿（二七日泊）・足柄峠を越え、矢倉沢宿・関本宿（現神奈川県南足柄市）へと歩を進める。ここから途中で右折して、大雄山最《さい》乗《じょう》寺《じ》（道了尊、曹洞宗）を参拝した。富士登山の疲労のせいか、作者は一時体調不良に陥り、小休止と投薬で無事回復して関本宿に戻り、十文字川（酒匂川上流）・松田宿町屋（現大井町、二八日泊）を経て、田原（現秦野市）で大山道を左折し、大山登山の西の玄関口に当たる蓑毛宿から大山詣りに臨む。

蓑毛の永楽屋という茶屋で昼食を取った。なかなか興味深い記事だが、重い荷物は表口（伊勢原側）にある子安宿の大津屋権十郎（第四代大山町長の先祖）方へ人足を遣わして送り届けさせた。その際、永楽屋で割印を押した領収証を受領し、後で大津屋に着き次第、これと付け合せて荷物を受け取ることにした。蓑毛から直接に山頂の石尊大権現社を目指した。全長五六丁（約六・一五キロメートル）で途中所々に堂社や茶屋があった。この時期は大山の例大祭中で、それを見込んで八合目付近の来迎谷では物乞いをする乞食が屯《たむろ》って撒銭《まきせん》を強請《ねだ》っていた。この辺りから道は険しくなる。頂上には小天狗社・石尊大権現社・大天狗社があるが、どれも相当の社である。

山頂での参拝を済ませ下山すると、大伽藍を構えた本堂に至る。諸国から奉納物が寄せられ、どれも結構な品物ばかりである。中でも青銅製宝篋印塔は高さが三間余（約五・七メートル）で、その彫金などは実に手の込んだ珍しい作品である。この周辺にはたくさんの茶屋が建ち並び、とても賑やかである。子安宿へ下りる道筋には御師の立派な宿坊が軒を連ね、挽物細工を販売している土産物屋もある。麓には滝が二か所（良弁滝・愛宕滝）ある。この日は大津屋権十郎方に宿泊する（二九日泊）。かなり大きな旅宿で、泊まり客も多い。裏には築山・泉水・滝などもあり、景色の良好な住居である。ただ、子安宿周辺は精進潔斎を義務づけられた所で、食い物は宜しくない。

旅の最大目的であった富士山・大山両詣りを果たした一行は、これから物見遊山に入る。田村通・四ツ谷通大山道を南下して藤沢宿に出る。この宿には留女（旅人を宿屋に呼び込む客引き女で、飯盛女《めしもりおんな》ともいう）がたくさんいるようだが素通りして、一遍縁《ゆかり》の藤沢山遊行寺を参詣する。小栗判官・照手姫伝説で有名な旧跡を見学した後、風光明媚な地として有名な江ノ島に向かい、橘屋武兵衛（三〇日泊、御師・名主、家号は「煙波楼《えんぱろう》」といい狂歌師大田蜀山人《おおたしょくさんじん》が命名）方に泊まる。海の無い甲斐人には、江ノ島の光景は何もかもが物珍しく新鮮に覚えたことであろう。江ノ島では下の宮・上の宮・本宮・岩屋弁天を一覧した後、海の珍味を堪能した。

七月一日早朝、江ノ島を出立し、海岸沿いに腰越・七里ケ浜・袖ケ浦（現稲村ガ崎付近）へと進んだ。当所では鎌倉絵図・名所記などを販売しており、茶屋の女将《おかみ》が絵図の講釈をしてくれた。鎌倉見物の案内人を雇って、御霊神社・光則寺・長谷寺・高徳院・甘縄神明社・鶴岡八幡宮・建長寺・東慶寺・円覚寺を拝観した。鎌倉大仏・長谷観音のあまりの巨大さに驚嘆したり、鶴岡八幡宮前の茶屋の美人女将にうつつを抜かしたり、駆込寺の東慶寺に興味・関心を示したり、ここでも見るもの全てが驚きの連続であった。その後は鎌倉から藤沢宿遊行寺前へ出て、そこから先は武蔵国八王子街道（鎌倉上つ道）を北上した。滂沱《ぼうだ》の大雨が降りしきるなか、下鶴間宿（現大和市、当所で矢倉沢往還〔青山道〕と合流）千とせや（七月一日泊）方にやっとのことで辿り着いた。

旅程の三分の二を過ぎ、旅の疲労も大分蓄積したらしく、ここから以降は乗馬・駕籠の力を借りて進むようになる。小山《おやま》村（現東京都町田市）で小休止した後、正午頃に甲州道中の八王子宿に到達した。その日は同宿徳利亀屋喜右衛門（二日泊）方に泊まることになった。少し気も緩んだか、亀屋の案内で芸者を揚げて夜明けまで泥酔する始末であった。これから先は甲州道中となるが、既述したように郡内騒動の余波も手伝ってか、これまでと比較して記述はかなり抑制的で淡泊となる。

駒木野宿にある小仏関所を無事通過し、武蔵・相模国の境の小仏峠に至る。峠の茶屋で食べた冷やしうどん・冷やし甘酒は殊の外美味であった。その後は与瀬宿（昼食）・関野宿（この辺りを「相模国津久井県」といい、この間に甲斐国と相模国の境川あり）・上野原宿とたて続けに休息を取り、野田尻宿の元亀屋五郎右衛門方に宿泊した（三日泊）。

いよいよ旅路も最終日を迎えた。一行は六つ時（午前五時）前に提灯をかざしながら出立した。犬目宿・鳥沢宿・猿橋宿・駒橋宿・大月宿・上花咲宿・中初狩宿・黒野田宿・笹子峠・駒飼宿・鶴瀬宿・勝沼宿・木之宮と幾度か休息を取りながら家路を急いだ。この日の全行程は一三里（約五二キロメートル）で、通常の約二倍に相当するほどの過酷なものであった。このため、一行の伝右衛門は途中の大月宿で医者に立ち寄り、薬を処方してもらっている。この伝右衛門とは最後の休憩所の木之宮で別れ、藤兵衛（旅の連れの一人）宅まで駕籠に乗り、九つ時頃（午前零時）に帰宅した。締めて九泊一〇日の旅であった。

本史料は道中で起こった出来事や周辺の地誌、必要経費、旅程などが極めて簡潔に記されており、江戸後期の庶民生活の一端を知る上で貴重な素材を提供しているといえよう。

第Ⅵ章　文芸・絵画資料からみた大山信仰

芳藤「相劦大山諸人参詣之圖」「神奈川県郷土資料アーカイブ」から

第一節　古川柳からみた大山信仰

江戸中期以降の文化

一七世紀後半から一八世紀初頭の元禄文化は、豊かな経済力を背景に台頭してきた上方の有力町人層が中心的担い手となって、現世肯定的で経験的合理的な精神に満ち溢れた文化を特色として展開した。これに対して、一九世紀初頭の化政文化は、文化の中心が急激な経済発展を遂げてきた江戸に移り、武士や町人が担い手となり、木版技術の向上に伴う出版活動の隆盛化も手伝って、中・下級の庶民も文化の恩恵に与かることができるようになった。その結果、繊細で洗練された傾向の文化が栄えたが、その一方で皮肉・滑稽・風刺的な文芸も数多く登場するようになった。時折しも、物見遊山が一種のブームとなり、庶民は信仰を兼ねて近隣諸国の名所・旧跡巡りを楽しむようになった。

こうした時代的傾向を背景として、江戸中期以降、相模国の霊峰大山に対する信仰はとみに高まった。特に大山の例大祭の時期には、江戸の中・下級庶民は講中を結成し、競い合って一路大山を目指した。本節では、大山信仰に欠かせないいくつかの項目を取り上げ、当該期に台頭してきた文芸の川柳集のなかに、大山信仰がどのように反映されているかをみてみよう。

良弁

良弁は生後間もなくして大鷲に攫われ、奈良の都の高い杉の樹上で泣いているところを高僧義淵に助けられて養育された。五歳で学問を始めるが、一を聞くと十を知るほどであった。やや成長すると、義淵から法相宗《ほつそうしゅう》を学び、後に華厳宗の奥義を極めた。時の聖武天皇は良弁を崇敬して仏弟子となった。良弁は東大寺を建立し、のちには僧正となった。金色の鷲に攫われたという伝説をもつ良弁に関連した川柳としては、以下の句が挙げられる。

1　飛んだ子が杉にと奈良の人だかり

註　飛んだ子―鷲に攫われて空を飛んで行った子と、とてつもなく偉い子とを掛けた表現。

杉―奈良の東大寺境内にある良弁杉のことで、『大山寺縁起』・『大山寺縁起絵巻』では楠木・櫟木とあり。

2　善知識あまねく諸経良く弁じ

註　善知識―奈良仏教は仏教を学問として修得することを一大目的としていた（学

派仏教・学問仏教）。学問に精通した仏徒の良弁のこと。良く弁じ―高僧の良弁僧正と、諸経をよく弁え人びとを仏道に導いたことを掛けた表現。

3　鷲の落とし子仏法に羽根をのし

註　仏法に羽根をのし―良弁が仏教界に大きく羽ばたいたこと。

4　さらわして親が泣いてる鷲の段

註　さらわして―義太夫節の「鷲の段」の一節を子供にお復習《さら》いさせてという意味。

千垢離

大山詣りの際、江戸の中・下級の庶民は、大川に架かる両国橋東詰で七日間にわたって水に浸かり身心を清めた。この光景は浮世絵版画のモチーフにもよく取り上げられた。これを千垢離という。その際、千本の緡《さし》（藁《わら》しべのこと。長さ約一五センチメートルの藁の先端約三センチメートルの所を折り曲げて結んだもの）を川面《かわも》に流し、千度の祈願を込めたことに由来する。これがスムーズに流れれば吉、漂えば凶とされた。緡を流す際、人びとは口々に大山不動明王・石尊大権現に向かって呪文を唱えた。

千垢離に関連した川柳としては、以下の句が挙げられる。

5
相模まで聞こえるほどに垢離を取り
註　相模—この場合は相模国大山のことを指す。

芳幾「月尽面白寿語録」（部分）　伊勢原市教育委員会所蔵

6
千垢離に呼び出しのない中《ちゅう》天狗
註　中天狗—大山には石尊本宮・大天狗社・小天狗社は祀られているが、中天狗社は存在しないという意味。

7
千垢離に行くのをこしやじろじろ見
註　こしや—葬儀屋のことを指す。

8
千垢離も二十人のが一人欠け
註　二十人のが一人欠け—二〇人の予定が一人欠けて一九人になること。欠けることも縁起が悪いが、さらに一九という数字は女性の厄年とされ、験《げん》が悪いとされた。これに対して、「千垢離に一人ふえるは吉事なり」という川柳もある。

9
医者が離れると抜身《ぬきみ》を持つて駈け

註　医者が離れる―医者が匙を投げ患者を見放すこと。
抜身を持つて駈け―大山に奉納する木太刀をもって、一目散に両国橋の垢離場に向かうこと。

10　親分の病気千垢離破《わ》れるよう

註　破れるよう―親分の病気平癒を祈願する子分らの千垢離のがなり声で、鐘が割れそうだという表現。

11　千垢離になまにんじやくな声はなし

註　なまにんじやくな声はなし―千垢離を取ろうとしている連中に生柔弱《なまにんじやく》な奴がいるはずはないという意味。

12　大滝で根性《こんじよう》骨の丸洗ひ

註　大滝―両国橋の袂で千垢離をとって来なかった者は、大山山麓の大滝か、又は良弁滝で垢離を取った。

大山道中

江戸の中・下級の庶民は大川で千垢離を済ませたのち、大山詣りの仕度を調え、芝高輪の大木戸を目指して夜明け前に出立した。大山に向かうルートとしては、様々な道筋があった（第Ⅶ章を参照）。大山道中に関連した川柳としては、以下の句が挙げられる。

13　万年屋近所抜き身の客を待ち
　註　万年屋―江戸後末期に六郷を越えた川崎宿中で最も栄えた旅宿。当宿の名物に鶴・亀屋の米饅頭《よねまんじゅう》と奈良茶飯がある。
　抜き身の客―納め太刀を担いだ大山詣りに訪れる客のこと。

14　茶をのむとさんげさんげをたんといふ
　註　茶―夏季の大山道中での参拝客に振る舞われたありがたい茶のおもてなし。
　さんげさんげ―ここではおもてなしへの感謝の言葉。

15　藤沢の下卑一《げびひと》さかり値をあげる
　註　藤沢の下卑―藤沢宿の客引き女（女郎・飯盛女）のこと。
　一さかり―しばらくの間、一定期間。

16　藤沢で抜き身のぶんは右へ切れ
　註　右へ切れ―東海道を右へ逸《そ》れる。つまり、藤沢の先の四ツ谷という追分で右折して四ツ谷通・田村通大山道に入る。

17　雨の降る山へ道者の蓑毛越え
　註　雨の降る山―大山のことで、大山寺の山号・寺号は雨降山大山寺という。
　道者の蓑毛越え―富士講の人たちは、富士山登山後に矢倉沢往還を経由して、蓑毛越えによる大山登山を行った。

18　遊山湯と見えて大山またぎ越し

註　遊山湯―箱根七湯に湯治目的で向かう客。

またぎ越し―大山詣りをそのまま、あるいはそそこにして立ち去ること。

納め太刀と迎え太刀

納め太刀の風習は、将軍源頼朝が自らの佩刀《はいとう》を使者に託して大山寺の宝前に奉納し、護摩祈祷などによる武運長久・天下泰平を祈願させたことに始まるとされる。鎌倉幕府の記録である『吾妻鏡』には、頼朝による寺領寄進、北の政所政子の安産祈願、度々の大山寺での仏事供養や臣下による代参の記事は散見されるが、頼朝自身の大山登山の記事は皆無である。

納め太刀に際しては、大小様々な木太刀の表面に、「奉納大山大聖不動明王・石尊大権現・大天狗・小天狗御宝前」と書き、裏面には「大願（心願）成就」などの願意、奉納年月日・生国・願主などを書いて宝前に奉納した。参拝客の中には、山帰りの際に他人の納めた太刀を貰い受けて持ち帰り、自宅の神前や長押などにお守りとして飾り置くと家内安全・招福除災などの御利益があるとされた。これを迎え太刀という。『大山不動霊験記』には、納め太刀・迎え太刀による火難忌避の御利益として五話が紹介されている。

木太刀の寸法は小さいもので七〜八寸（約二一〜二四センチメートル）、大きなものでは一丈余り（約三メートル余り）、重さは九貫六二〇匁《もんめ》（約三六キログラム）を誇るものもあった。刀身の材としては圧倒的に木材が多いが、中には真剣が納められる場合もあった。現在でも大山寺・大山阿夫利神社・先導師宅などに残存しており、間近に手に取って見ることができる。

納め太刀に関連した川柳としては、以下の句が挙げられる。

19　義広は鞴《ふいご》のいらぬ刀鍛冶

　註　義広―江戸時代の神田在住の木太刀の名工。これに対して、真剣の名工としては鎌倉時代に鎌倉在住の岡崎正宗がいた。彼の制作した刀は細身ですらっとしていることから「菖蒲太刀」と称された。これを皮肉って、「六月は銘あり五月無銘なり」とか「正宗の国（相模国）に抜き身の山ができ」という句がある。鞴―刀鍛冶などが使用した、風を押し出し火を起こすための道具。

20　盆前の借り太刀先で切り抜ける

　註　お盆前にあった借財を、大山に木太刀を奉納することで巧みに切り抜けること。類似句として、「納まらぬ盆を納める太刀で逃げ」がある。

21　二《に》の足《あし》で間男《まおとこ》の買ふ納め太刀

　註　二の足―行動をためらって迷っている様子。

22　間男―不義密通・不倫のこと。

初山《はつやま》へ牛の角文字《つのもじ》納め太刀

註　初山―大山の例大祭の初期の期間で、旧暦の六月二七日から三〇日までをいう。初めての大山登山をいうこともある。牛の角文字―木太刀を担いで大山を目指して進む光景が、あたかも平仮名の「い」の字のように見えるという意味。

23　お妾《めかけ》は木太刀を持って勝利を得

註　お妾―愛人のこと。この姉妹句として、「大願成就長刀に妾書き」がある。

24　納め太刀九紋竜《くもんりゅう》が引きかつぎ

註　九紋竜―中国の通俗小説である『水滸伝《すいこでん》』の中に登場する豪傑の一人。ここでは自分の背中に九紋竜（不動明王の化身である倶利迦羅紋紋《くりからもんもん》）の入れ墨を彫り込んだ勇ましい姿の男を指す。これに類似した句として、「朱を入れた彫物りきむ雨降山」がある。

大山の山開き・山帰り

『新編相模國風土記稿』には、大山の「例祭六月二十七日より七月十七日迄、二十日の間なり」

とあり、その期間を四期に分けている。更に「其間諸國より参詣の者、甚多し。此山頂は常に山外の人、登る事を禁ずれど、祭禮中は許して社前に至らしむ。祭禮中も女人は禁ぜり。山頂に攀《よじのぼ》る」とも記している。諸本を参考にして大山の例大祭をまとめると、以下のようになる。

Ⅰ　初山（朔日山《さくじつやま》）　旧暦六月二七（二八）日より六月三〇日迄
Ⅱ　七日堂（七日道）　同七月朔日より同月七日迄
Ⅲ　間の山（相の山）　同七月八日より同月一二（一三）日迄
Ⅳ　盆山　同七月一三日（一四）日より一七日迄（一六日・一七日を仕舞山ともいう）

註　但し、（　）内の数字は菊岡沾涼《せんりょう》『江戸砂子』（享保一七〔一七三二〕年）・斎藤月岑《げっしん》編『東都歳事記』（天保九〔一八三八〕年）による。

大山の山開き・山帰り関連の川柳としては、以下の句が挙げられる。

25　水の無い月に雨降る山は開き
　註　水の無い月――水無月、つまり六月のこと。水無月に雨降山を対比した句。
26　いつかいのがれに四五日旅へ立ち

註　いつかいのがれ―借財の一回逃れのこと。
四五日―大山の盆山の期間に相当する。

27　借金が微塵《みじん》積もって山へ逃げ

註　借金が微塵―チビリチビリ借りた借財が徐々に積み重なって膨大になること。
山―大山詣りの登山。借財逃れの手段として大山詣りをする話は川柳や落語に度々登場する。

28　十四日油断をすると山へ逃げ

註　十四日―お盆の真っ最中。これと類似の句として、「十四日末は野となれ山へ逃げ」がある。

29　借金は盆に戻らぬと山へ逃げ

註　盆に戻らぬ―太公望《たいこうぼう》の「覆水《ふくすい》盆に返らず」の諺《ことわざ》に引っかけた表現。

30　先祖代々の御座るのに山へ逃げ

註　先祖代々の御座るのに―お盆でわざわざ御先祖様や精霊が戻っていらっしゃっているというのに。

31　トトオは山へカカアは内で言い訳

訳　トトオ（旦那）は大山登山へ借財逃れに出向き、カカア（女房）は家で借金取りの言い訳をしている様子を表現している。

32
石尊へ信心でゆく貸した奴
　註　31の借り方が借財逃れで大山詣りに行くのに対して、ここでは貸し方が本当の信仰心から大山詣りに赴くということ。

33
どうしたか山帰り以後の人のよさ
　註　山帰り―大山詣りを終えて帰ってくること。この逆は「山詣り」「山立ち」。

34
山帰りあたり近所は笛だらけ
　註　笛―大山詣りでの土産物の一つに、江戸大森名産の麦藁細工の笛があった（一説には大山の竹細工ともいう）。その他の麦藁細工としては、火消しに関係した纏の馬簾《ばれん》や諸動物の置物などがあり、それら以外の名産品として、漢方薬（和中散）・数珠玉《じゅずだま》・ひねりごま・七福神なども有名である。大山で土産物などを買いそびれた人びとは、品川宿の手前の大森で調達したりした。

35
はんにやめと大森細工をぶッつける
　註　はんにやめ―大森細工の般若面と女房の怒り狂った様子のはんにゃ面とを掛けたもの。

その他

その他として、大山関連の川柳を若干紹介しておこう。

36 下駄をはく人に登れぬ雨降山

註 下駄をはく―他人の金銭を横領する行為。犯罪者と下駄を履いた者は大山の急峻な坂は登れないという意味。これに類似した句として、「雨降山曇った身では登られず」がある。

37 大山の宿ぢや居《ゐ》ながら洗ふ耳

註 大山の宿―大山御師が経営する宿坊のこと。

居ながら洗ふ―講中の懺悔・懺悔の声を連日聞いて自然と清浄になる。

38 前不動までは女房も口を出し

註 前不動―男坂と女坂の分岐点で、これから先は急坂が待ち構えていた。ここから上へは女性の登山は制限されていた。「大山の臍《へそ》のあたりに不動尊」という句がある。

39 山伏もさんげさんげはげびるなり

註 山伏―山林斗擻《とそう》して仏道修行に励む僧。修験者ともいう。

げびる―口ごもること。

40　石尊で鶴より亀がよく見える
　　註　石尊―石尊大権現が祀られた大山の山頂。
　　　　鶴―鎌倉の鶴岡八幡宮をさす。
　　　　亀―金亀山、つまり江ノ島をさす。

41　同行にさしのあるので懺悔せず
　　註　同行にさしのある―一緒に大山詣りに来た女（内縁の妻）と何らかの差し障りがある関係のこと。

42　前不動ほっと十八いきをつき
　　註　十八―大山を一八丁（約二キロメートル）登ること。頂上の石尊大権現までは、さらに二八丁（約三キロメートル）あり。これを表現した句として、「二十八丁上にゐて云ひ延べる」がある。

大山信仰のキーワードとなる語句を取り上げ、それらが川柳集の中でどのように位置づけされているかを垣間見てきた。江戸時代中・後期にみられる情報伝達手段（木版印刷技術）の顕著な発達を契機に、江戸庶民が積極果敢に物見遊山を介して外部世界の拡大に努めていた様子が、皮肉・風刺・冷笑などを交えながらも赤裸々に語られていることを窺い知ることができる。

第二節　滑稽本からみた大山信仰

作者紹介

滑稽本の『大山道中膝栗毛』は、安政四（一八五七）年に新庄堂から刊行された。作者は鈍《どん》亭魯文《ていろぶん》（別号は仮名垣《かながき》魯文、一八二九〜九四年）で、その後、彼は万延元（一八六〇）年の『滑稽冨士詣』で認められ、明治四（一八七一）年に出版した『安愚楽鍋《あぐらなべ》』が好評を博して一躍有名になった。挿絵は一松斎芳宗が担当した。江戸中期以降、庶民の信仰を兼ねた物見遊山が盛んとなり、中でもとりわけ大山詣りは富士山・成田山と並んで江戸っ子にとっては注目の的となった。読者たちは滑稽本でお馴染みの主人公である弥次郎兵衛・喜多八になった気分で、その面白さ可笑しさに魅了された。

大森から藤沢へ

これから大山詣りをするというのに、恒例とされる大川での千垢離も取らずに出立する。歩き始めてすぐに腹がへり、大森でそばを喰うと、それがあたって弥次郎兵衛は吐いてしまう。川崎宿の万年屋では昼飯に熱燗《あつかん》を飲んでへべれけに酔っ払い、生麦でも酔っぱらって女中に酒飲みを強制し、神奈川宿で一泊することにする。ここで弥次郎兵衛は後で連れが大勢来るからと嘘をついて広間を用意させ、挙句の果ては夜這い癖に憑《と》りつかれて金を巻き上げられる。それでも懲りず、程ヶ谷宿から右折して大山へ向かうのが安上がりと知りながら直進し、境木・戸塚宿を経由して藤沢宿で一泊して、またここでも道楽に明け暮れる。

『大山道中膝栗毛』から神奈川　『武相膝栗毛』（横浜市中央図書館所蔵）所収

四ツ谷から子安へ

夜明けとともに藤沢を立ち、四ツ谷の追分で一服しながら、この日は込み合う御師の宿坊ではなく、手前の子安明神前の旅籠屋に泊まることを決める。四ツ谷から先は田園風景が展開し、丁度稲刈りの真最中であった。大山に向かう途中、例の調子で「尋ねたい人（親が連れ去った許嫁）がお前さんにそっくりだ」と言って、村里の娘にしつこく言い寄っていると、六〇歳位の老婆が駆け寄ってきて、弥次郎兵衛の胸倉を掴まえて小突き、引きずり回した。喜多八は「勘弁してください。全くの人違いでした」と言ってこの窮状を回避し、予定通り子安明神前の旅籠屋に泊まった。

いよいよ大山へ

翌日、良弁滝に至り垢離を取る。その際、無駄口はたたかず、一心不乱に石尊様へ手前勝手なことを祈る。両人が口にした言葉は、「たいそくめうわう（明王）、そくたいぢつほうこうくう（十方虚空）、むせうやたらにねがひたてまつる。なむせきそんだいごんげん（南無石尊大権現）、大日だいせうふとうめうわう（大聖不動明王）、きめうてうらい（帰命頂礼）、さんげ〳〵（散華〳〵）、かないあんせん（家内安全）、そくさいえんめい（息災延命）、（後略）」であった。二人は目出度く大山参拝を果たして下山する。今度は急いで神田八丁堀に帰る。締め括りに、作者自身（魯文）は未だに大山詣りをしたことがなく、どんなことを書いてよいか一向に見当がつかないので、ほとんど画工（芳宗）に任せて文章はほんのおまけに過ぎないと告白している。最後に一句、「絶頂にあつさはらふや天狗風」（大山の山頂には大天狗社・小天狗社の二社が祀られており、暑さを吹き払ってくれる）を添えている。

国輝「大山参詣日本橋之圖」　伊勢原市教育委員会所蔵

第三節　絵画資料からみた大山信仰

二代歌川国輝「大山参詣日本橋之圖」

三代豊国の門人。天保元（一八三〇）〜明治七（一八七四）年。大山詣りの浮世絵には、大山に因んだ火消し・鳶・大工・刀鍛冶などに扮した人気歌舞伎役者が数多く登場する。この作品は、倶利迦羅紋紋を施した若衆五人が、日本橋から納め太刀を担いで、勇んで大山詣りに出立しようとする光景を描いたものである。歌舞伎役者の二名が提灯を持ち、背後に大山の山影がうっすらと見えることから夜明け前であることがわかる。歌舞伎役者は、左から中村芝翫（四代）、大谷友右衛門（五代）、坂東彦三郎（五代、「大山石尊大（権現）・大天狗・小天狗　大々叶」の木太刀を担ぐ）、市村家橘（八代、

国芳「相州大山道田村渡の景」　伊勢原市教育委員会所蔵

「若」の扇子を持つ）、河原崎権十郎（初代）の順に並ぶ。
慶応二（一八六六）年版。版元は山本屋平吉（栄久堂）。

歌川国芳「相州大山道田村渡の景」

号は一勇斎。寛政九（一七九八・一・一）～文久元（一八六一）年。東海道四ツ谷から右折して寒川を経由して進むと、相模川の田村の渡し（現平塚市）に至る。岸辺（寒川側）からは満々と水を蓄えて流れる相模川の対岸（田村）の後方に、夏空に浮かぶ雲、帯状に懸った霞、堂々たる大山・丹沢の山並み、箱根連山までもゆったりと遠望できる。今着いたばかりと思われる馬に乗った旅人と煙管《きせる》を咥《くわ》えた馬子、休み屋で渡船を待つ客、数人を乗せた渡川中の船の遠近感も見事に描出されている。『相州大山参詣獨案内道の記』によると、少し上流の戸田の渡し（現厚木市）と同様に渡船料は一二文とある。
また、渡船の業務は田村、寒川・田端の三か村が従事していた。

葛飾北斎「諸國瀧廻り　相州大山ろうべんの瀧」

姓は川村、号は春朗・画狂老人など多数。宝暦一〇（一七六〇）～嘉永二（一八四九）年。代表作に「冨嶽三十六景」「北斎漫画」などがある。タイトルにあるように、諸国の名滝を廻り描いた八枚セットの内の一つである。良弁滝は、これから大山詣りに向かう講中が、参拝する前に水垢離を取った滝の一つで、門前町の開山町にある。良弁が大山寺を開創するにあたって荒行をおこなったとされる滝である。一丈三尺（約四メートル）の滝の上方から勢いよく流れ落ちる滝水を褌一丁になって浴び、集団で垢離を取っている光景を描いた秀作である。中には白木の納め太刀を担いで禊を行っている者もいる。右側に「藤の坊」と書かれた提灯が描かれているが、これは当

北斎「諸國瀧廻り　相州大山ろうべんの瀧」
伊勢原市教育委員会所蔵

滝の管理を任された天台修験系の御師で、現かめ井旅館の先祖である。滝壺に入る右手には瑞垣があり、そこに一時的に掛けた笠と脱いだ着物には「永」と「寿」の文字が読み取れるが、これは版元の永寿堂を意味している。大山にはこれ以外に禊の滝として有名な大滝があり、歌川国芳は「大山石尊大瀧之圖」という作品を残している。この滝は別所町にあり、現たけだ旅館の先祖にあたる瀧淵坊という御師が管理を任されていた。

初代歌川広重「不二三十六景　相模大山來迎谷」

寛政九（一七九七）～安政五（一八五八）年。江戸の定火消安藤源右衛門の子として生まれ、後に歌川豊広に入門。号は一幽（遊）斎・一立斎。代表作に「東海道五拾三次」「名所江戸百景」などがある。例大祭の際に開放される登拝門から大山山頂までの参道を本坂といい、坂の途中には参拝客の便宜を図って一丁目から二八丁目の標石が置かれていた。ここに描かれている来迎谷は、秦野のヤビツ峠からの登山道と本坂との合流地点（二五丁目）を少し登った二六丁目辺りからの風景である。この周辺では、例大祭になると、乞食が集まり、多くの参拝客から撒銭をせびっていたという。谷間から西方には雲間に富士山が浮かび立って見える（残念ながらこの場所は特定できていない）。夕陽が沈む頃には、阿弥陀西方浄土が現出し、さぞかし阿弥陀如来のご来迎が待望されたことであろう。一方東に目を転じれば、朝の日の出を遙拝することから来光谷とみなすこともでき、そのように表記している本もある。よく見ると、谷の右手上方（二七丁目）には、お中道廻りに入るための入口として鳥居が確認される。大山でも富士山と同様に頂上をぐるっと一周して祈願するお中道廻りがあり、これを「八龍」といった。

広重「不二三十六景　相模大山來迎谷」伊勢原市教育委員会所蔵

歌川貞秀「相模國大隅《（ママ）》郡大山寺雨降神社真景」

号は五雲亭。文化四（一八〇七）〜明治一一（一八七八）年か。江戸後期から明治時代の浮世絵師で、横浜絵の第一人者といわれる。代表作に「神名《（ママ）》川横浜新開港圖」「御開港横浜之全圖」などがある。精密で鳥瞰式の一覧図を描くことで定評があり、この図は安政五（一八五八）年の作品である。

大山を大画面の中心にどっしりと位置付け、武州高尾山、大山東峰、駿州富士山、箱根山、日金山、天城山、伊豆半島に続く山脈や江ノ島・茅ヶ崎海岸・真鶴半島などを見事に描出している。

大山山内に目を転じると、夏の例大祭の時期であろう

貞秀「相模國大隅郡大山寺雨降神社真景」　伊勢原市教育委員会所蔵

か、入口の唐銅の三ノ鳥居周辺は大山詣りの客で大混雑している様子が窺われる。鳥居の左右にはこれまた唐銅製の水盤から聖水が勢いよく噴出して参拝客を迎えている。階段状の参道の左右には御師の宿坊が軒を連ねて建ち並び、その途中には良弁滝や大滝で参拝客が垢離を取っている姿が散見する。

さらに登ると前不動に至り、ここで参道は男坂と女坂に分岐する。やがて二(仁)王門の先で両道は合流し、ついには本堂(不動堂)に到達する。本堂の前には大きな箱が用意され、参拝者は持参した木太刀をその中に奉納したり、他人が奉納した木太刀を持ち帰る者もいた。そのすぐ左手に木戸・八ノ鳥居があり、常日頃は

ここは施錠されているが、例大祭の期間に限って、男性のみ本坂を登って頂上まで行くことができた。本堂からは西に通じる道があり、これを「みのげ道」という。東に通じる道もあり、二重滝や日向薬師に行くことができる日向道が存在するが、残念ながら本図からは確認できない。くねくねした本坂を登っていくと、途中に「来迎谷」がある。そして二ノ鳥居を潜り抜けると、ついに前社・本社・奥社に至り、ここに納め太刀や石を奉納する者もいた。この図からは大山の山頂や富士山はあたかも画面の天部に届かんばかりで、直ぐにでも願い事が叶えられそうである。

ゴッホが描いた富士山と大山

日本の浮世絵版画は有田焼（伊万里《いまり》焼）などの陶磁器の包み紙としてヨーロッパに伝えられ、印象派の画家たちに多大な感銘を与えたといわれる。その影響を受けた画家の一人に、オランダの後期印象派のフィンセント・ファン・ゴッホ（一八五三〜一八九〇）がいる。彼には代表作として「ひまわり」がよく知られているが、その完成一年前（一八八七年）に肖像画「ダンギー爺さん」という作品を描いている。爺さんの背景には、日本の春夏秋冬を表現した四つの浮世絵がちりばめられている。爺さんの真後ろを注視すると、夕陽に輝く秋の富士山と大山が相並んで描かれていることに気付くであろう。彼は日頃から浮世絵に傾倒しており、多くの浮世絵を収集している。この作品のヒントは、おそらく初代歌川広重画「冨士三十六景　さがみ川」の構図を自らの作品に取り込んだものであろう。

ごく最近、驚くべきことが明らかとなった。浮世絵師として著名な葛飾北斎が描いた水彩画など六点がオランダのライデン国立民族学博物館で発見され、これには「北斎が西洋画の技法で描いた」とする蘭学医シーボルト（一七九六～一八六六）の自筆が添えられていたという。これらの作品は、文政一一（一八二八）年に日本から追放されたシーボルトが帰国の際に持ち帰ったコレクションの一つで、中でもとりわけ、日本橋の情景を描いた作品に注目すると、江戸城の背景として富士山の右側に小高い山が一つ描かれているが、浮世絵の常識からすれば、おそらくそれは大山であると断定して誤りないであろう。

第Ⅶ章　大山道と大山道標

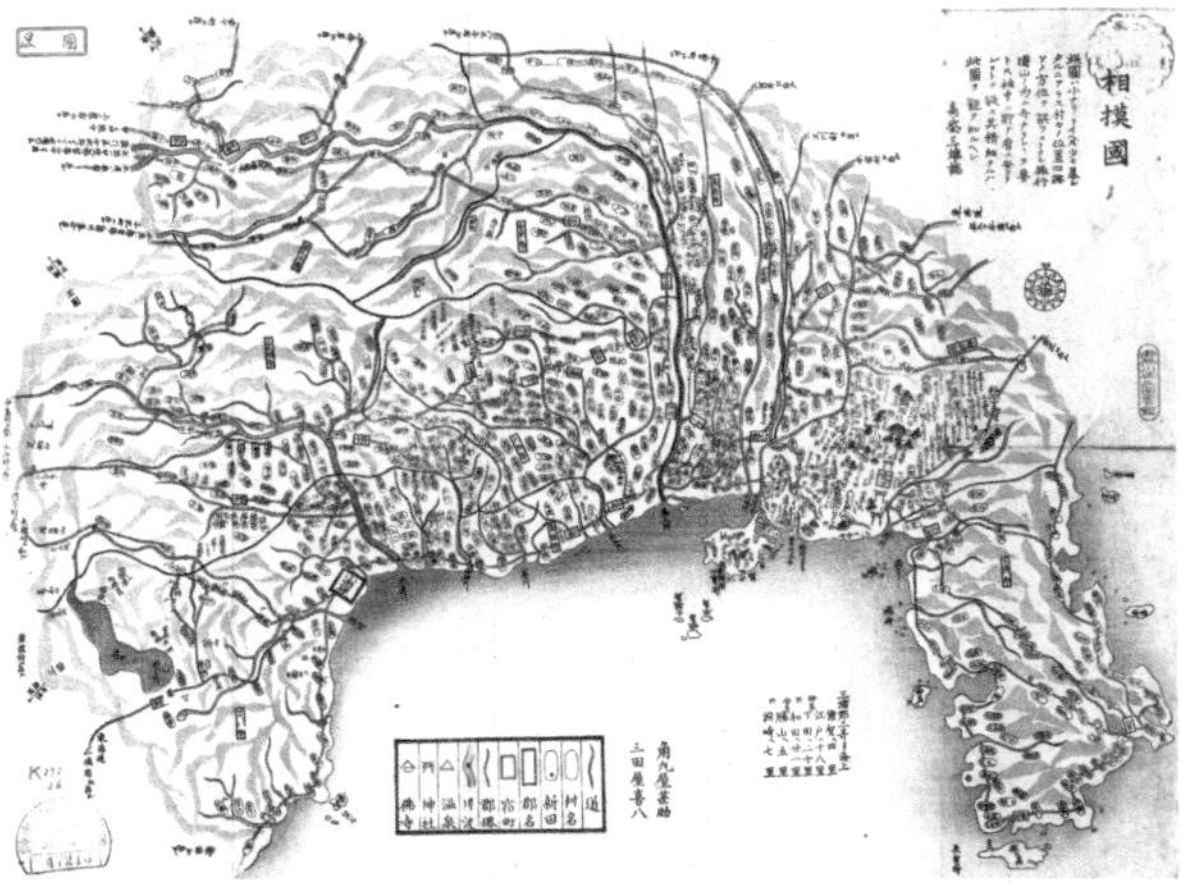

相模國輿地全圖　神奈川県立図書館所蔵

第一節　神奈川県内の大山道

「山詣り」にあたって

相模国の霊峰である大山への信仰は、江戸中期以降とみに高まった。特に大山の例大祭の時期になると、江戸の中・下級の庶民はいろいろな講中を結成して大挙して一路大山を目指した。大山が信仰の対象とされた理由としては、山号が雨降山と称され雨乞いや火事など水に関係した霊験があらたかであるとされたこと、秀麗な山容が遠望でき漁師たちにとっては漁場や航路の目印とされたこと、一人前の大人として成長したことを祝福し証明する山（初山・一五詣り）として位置付けられていたこと、人は死ぬと山中に他界するとされ茶湯供養（先祖供養）の山として認識されていたこと、修験者が山林修行するパワースポットとして注目されていたこと、石尊詣りと江ノ島見物、つまり信仰と物見遊山が結合した手ごろな二泊三日の旅であったこと、などが考えられる。

大山詣りの事前行為として、江戸の庶民は隅田川に架かる両国橋東詰めの垢離場で垢離を取った。これは神仏に願掛けなどを行うに際し心身を清浄に保つ行為で、斎藤月岑編『東都歳事記』からその光景を紹介してみよう（括弧内は筆者の註）。

「石尊垢離取り　大山参詣の者、大川に出て垢離を取、後禅定《のちぜんじょう》（精神統一）す。（中略）手毎にわらしへ（藁緡）を持て、高声に祈念し、水中に投ず。流るゝを以てよしとし、たゞよふを以てあしとすとなん。崔下庵云、さんげさんげ六こんざいしやう、おしめにはつだい、こんがうどうじ（金剛童子）、大山大聖不動明王、石尊大権現、大天狗・小天狗といふ文を唱ふる事、さんげさんげは懺愧懺悔なり。ろくこんざいしやうは六根罪障《（ママ）》なり。おしめにはつだいは、大峯八大なり。ことごとく誤れども、信の心を以て納受し給ふならん。この事、中人以下のわざにして、以上の人はなしといへり」

垢離取りが終了すると、江戸の庶民は白木綿の浄衣（行衣）・菅笠・脚絆《きやはん》を身に纏い、「懺愧懺悔、六根清浄」を唱えながら芝高輪の大木戸を目指して夜明け前に出立した。一行の中には、「奉納大山石尊大權現・大天狗・小天狗請願成就」と書かれた巨大な木太刀、豪華な彫刻を施した御神酒枠や石などを担いで出立する者もいた。大山詣りに行くことを「山詣り」といい、参拝を終えて帰ってくることを「山帰り」といった。また、一五・六歳の男子の初めての大山詣りを「初山」といい、「初山をしないと出世しない」とか、「長男はどんなことがあっても初山だけはさせろ」などと言われて成人になるための一種の通過儀礼（イニシエーション）のように扱われた。ちなみに、「初山」にはもう一つの意味があり、大山の例大祭の初期段階（旧暦六月二七日から三〇日まで）も「初山」といった。

神奈川県内の大山道の概観

江戸時代の庶民が利用した大山道は多岐にわたるが、その何れもが街道・脇往還から分岐して最終的には大山に収束されて行く。その意味から、「全ての道は大山へ通ず」といっても決して過言ではない。基本的には街道は道中奉行が、脇往還は勘定奉行の管轄で、そこの領主が直接の管理責任をもった。それでは、図2を参考にしながら、県内を通過する主要な大山道について一つずつ確認していくことにしよう。

①芝生通大山道：

このルートは従来あまり知られていなかった道である。江戸の日本橋を起点として、東海道程ヶ谷宿の手前の芝生《しぼう》追分で右折し、星川・鶴ケ峰・二俣川・三ツ境を経て瀬谷で④の中原往還（中原街道）に合流するか、さもなければそこから更に西に進んで、下草柳《しもそうやぎ》・蓼川《たでかわ》・小園《こその》を経て国分で⑤の矢倉沢往還に合流する道である。後者の道は戦前の厚木基地建設の過程で消失して忘れ去られ、まぼろしの大山道となってしまった。

葛飾北斎の浮世絵版画の「東海道　五十三次　程ケ谷」の場面に、石造不動明王像の左

①芝生通大山道
②柏尾通・戸田通大山道
③四ツ谷通・田村通大山道
④中原往還
⑤矢倉沢往還（青山道）
⑥羽根尾通大山道
⑦六本松通大山道
⑧府中通大山道
⑨八王子通大山道
⑩吉野通大山道
⑪都内通大山道
⑫海上ルート

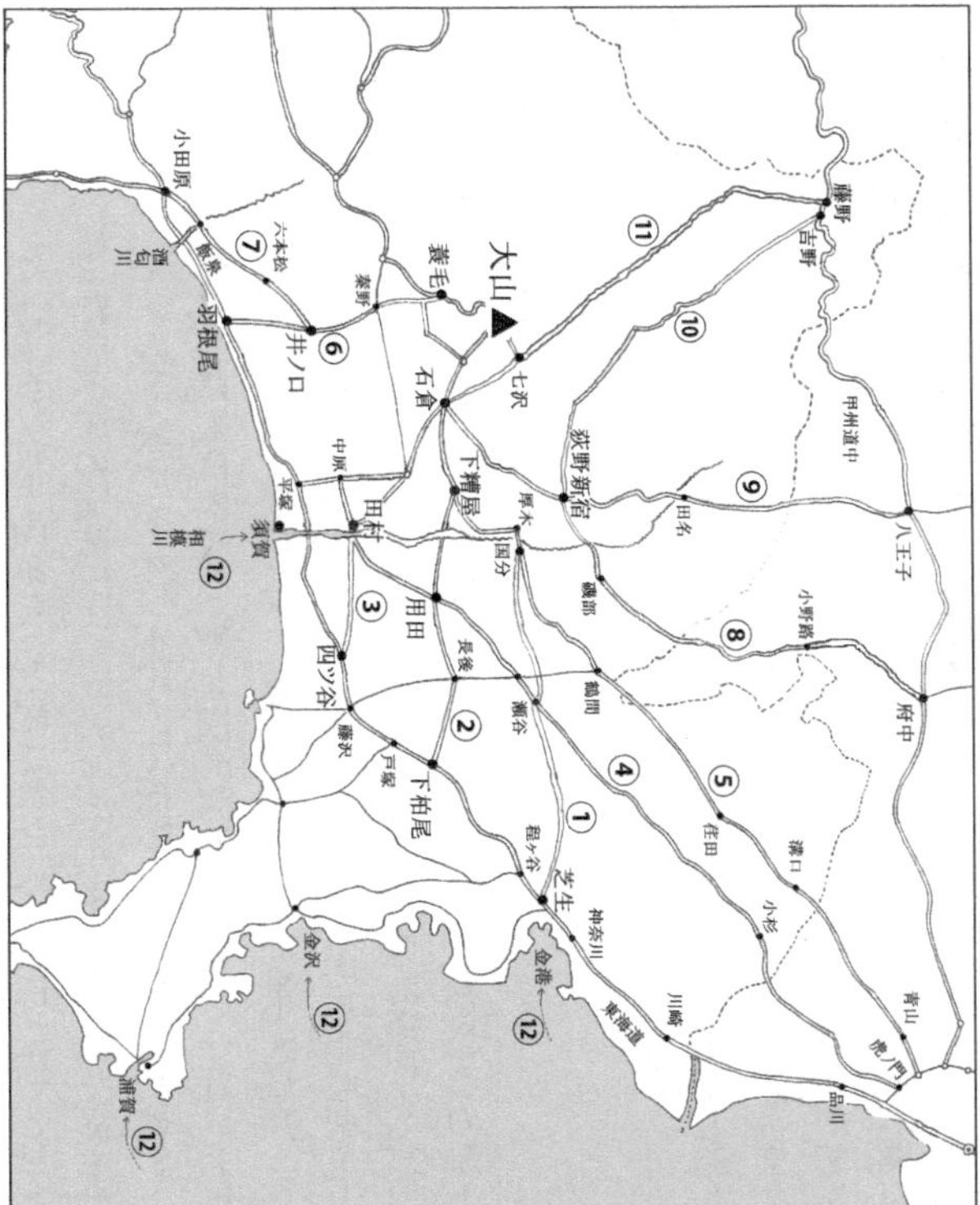

図2　主な大山道
有賀密夫氏の図をもとに作成

北斎「東海道　五十三次　程ヶ谷」
伊勢原市教育委員会所蔵

に「是より右大山みち」と記された大山道標が描かれている。また、幕末の文久三（一八六三）年頃に来日した従軍カメラマンのF・ベアトが日本国内で撮影した写真を収録した『F・ベアト幕末日本写真集』（横浜開港資料館　一九八七年）にも、この道が描かれた「横浜周辺外国人遊歩区域図」一葉が挿入されている。さらに、仮名垣魯文『大山道中膝栗毛』には、道標（大山道標と思われる。「従是西　東海道程ヶ谷宿」）と「ここのしゅく（程ヶ谷宿）から大山へわかれるのがよっぽどとくだけれど」云々の記述がある。

②柏尾通・戸田通大山道：

江戸日本橋を起点として、東海道戸塚宿の手前の下柏尾で右折し、岡津・長後・用田を経て相模川の戸田で渡船して大山に向かうルートである。下柏尾には寛文一〇（一六七〇）年に建てられた「従是大山路」の大山道標や元治二年（一八六五）年に松戸宿の商人らが建てた大山燈籠などがある。古くはここに藤沢の四ツ谷と同様に木造の大山一ノ鳥居が代々建てられていたが、関東大震災（一九二三年）で倒壊してそれ以降はなくなったままである。

③四ツ谷通・田村通大山道：

江戸日本橋を起点とし、東海道藤沢宿の西方約半里（二キロメートル）の四ツ谷から右折し、一の宮を経て田村で渡船（料金は一二文）して大山に向かうルートである。大山の例大祭の際に、通常は閉じられている中扉の開扉役を勤める御花講中がここを必ず利用したことから、「御花講道」ともいわれる。ここには万治四（一六六一）年に「是より右大山みち」と記された最古の大山道標と木造の大山一ノ鳥居が建立された。その後、鳥居は天保一一（一八四〇）年に石造に造り替えられたが、関東大震災で倒壊し、一九五九（昭和三四）年に再建された。

当所には柏屋・鎌倉屋・羽鳥屋・伊勢屋などの旅籠や茶店もあり、結構な賑わいをみせていた。②と③の大山道は上粕屋の石倉で合流する。

東海道の下柏尾と四ツ谷で分岐する②と③の大山道では、大山の例大祭の時期になると、辺り一帯は参拝客でごった返した。当初は②よりも③の方が利用されていたが、やがて②の往来が激しくなり、参拝客の配分や助郷による人馬供出、

「大山一の鳥居前」　横浜開港資料館所蔵

人馬・駕籠屋などにも支障をきたすようになった。その結果、②と③に関係した諸村間で紛争が起こったが、安永七（一七七八）年に双方で和議が成立した（神奈川県立図書館の「神奈川県郷土資料アーカイブ」の「相模国大住郡戸田村小塩家文書」を参照）。

④中原往還：

江戸虎ノ門を起点とし、武蔵小杉・瀬谷・桜株を経て用田で②の大山道と合流し、さらに田村で③の大山道に合流し、最終的には家康の鷹狩りの休息所として知られる平塚の中原御殿に達する。この道を利用して平塚名産の御酢を将軍家に献上したことから「御酢街道」ともいう。三代将軍徳川家光の擁立や大山寺の再建に多大な貢献をなした春日局が大山詣りや化粧料（約三〇〇〇石、吉岡・用田・中原村など）の視察の際に度々宿泊所とした綾瀬の吉岡にある済運寺《さいうんじ》（臨済宗）には、局の位牌と局が使用したと伝えられる茶釜・茶臼が安置されている。

⑤矢倉沢往還（青山道）：

江戸赤坂見附・青山を起点とし、渋谷・三軒茶屋・瀬田・二子ノ渡・溝口・荏田・長津田を経て、下鶴間・大塚・海老名・国分・河原口を過ぎて厚木渡しで相模川を渡り、厚木・石田を経て、伊勢原の下糟屋で②の大山道と合流して大山へ向かう。大山に向かわない場合は伊勢原・善波峠を越え、十日市場（曽屋）・渋沢・松田惣領・関本・矢倉沢・足柄峠・御殿場を経て、沼津あるいは富士山に通じるところから「矢倉沢往還」とか「富士道」ともよばれる。これは現在の国道二四六号線に並行した道である。渡辺崋山は『游相日記』という紀行文を残し、旅先での出来事や見聞などを生き生きと描写しているが、その時に利用したのがこの道である。天保二（一八三一）年九月、三河国田原藩主三宅康直の命を受けて、崋山は藩家譜撰集の資料収集のため、近侍していた友信老公の生みの親であるお銀の方の消息を尋ねて高座郡の早川村・小園村（現綾瀬市）に赴いた。目的を果たした後、崋山はそこから厚木まで足を伸ばし、二泊三日にわたって厚木の名士である唐沢蘭斎（蘭学者）・斎藤鐘助（能書家）・駿河屋彦八（義侠）らと歓談し、活発な意見交換をしている。

小田原市前川の大山道標と大山燈籠

⑥羽根尾通大山道：

小田原宿から来て東海道羽根尾から左折し、中村原（大山寺初代別当・八大坊実雄の生誕地）・遠藤・久所《ぐぞ》・比奈窪《ひなくぼ》・井ノ口・秦野・大竹・十日市場を経て、大山の西の玄関口である蓑毛に至るルートである。入口の少し手前の前川には「従是大山道　大やまみち　天保五（一八三四）甲午年四月」と陰刻された道標が建てられており、その上には厳めしい忿怒《ふんぬ》の形相をした不動明王が坐っている。また、途中の久所の富士見台には自然石を用いた元禄三（一六九〇）年建立の珍しい大山道標がある。また、『新編相模國風土記稿』の井ノ口村旧家（大島）四郎兵衛の条に、「寛永十七（一六四〇）年八月、春日局内命を奉じて大山不動へ参詣（お楽の方の子授け祈願、手長神楽の奉納）の時、旅館とせしかば、公費をもて、家作を修造ありしと云」と記されている。

⑦六本松通大山道‥

東海道小田原宿から井細田《いさいだ》を経て、飯泉《いいずみ》渡しで酒匂《さかわ》川を渡り、飯泉・下曽我・六本松・田中を越え井ノ口で⑥に合流する。途中の田中の塔ノ台には自然石に観音菩薩像を彫刻した明和五（一七六八）年の珍しい大山道標がある。その後は北上して大竹・十日市場・寺山に至り、ここから蓑毛に直行する道と、横畑を経て伊勢原側の坂本に向かう道（坂本道）とがある。

⑧府中通大山道‥

江戸日本橋を起点とし、甲州道中府中宿から小野路を南下して磯部の渡しで相模川を渡り、猿ケ島・依知を経て、荻野新宿で⑨と⑩に合流する。それ以降は千頭・小野・岡津古久峠を越えて伊勢原の西富岡を経て、石倉で②と③に合流する。当所が近世の大山道の重要な結節地点であったことは、上粕屋・石倉中遺跡から幅約一〇メートルの大山道の道状《みちじょう》遺構が確認されたことからも明らかである。『新編相模國風土記稿』によると、大山道は通常一間ないし二間（約二～四メートル）とあるので、この道状遺構は破格的であるといえよう。

⑨八王子通大山道：

江戸日本橋を起点とし、甲州道中八王子宿から御殿峠を越え、橋本・田名を経て田名の渡しで相模川を渡り、中津を経てさらに才戸の渡しで中津川を渡り、三田《さんだ》・荻野新宿に至る。ここで⑧と⑩とに合流する。それ以降は⑧と同文。

⑩吉野通大山道：

江戸日本橋を起点とし、甲州道中吉野宿から南下して半原・平山・荻野新宿に至り、ここで⑨に合流する。それ以降は⑧と同文。

⑪郡内通大山道：

江戸日本橋を起点とし、甲州道中藤野から南下して青野原・鳥屋《とや》・落合・宮ケ瀬・煤ケ谷を経て七沢に至る。ここから日向薬師を経て大山に至る道と日向川を経て石倉に下り、②・③・⑧～⑩と合流する道もある。これが大山道の中では最北端に位置するルートである。日向から直接に大山の山頂に向かう道は、大山の不動明王や日向の薬師如来の加護の下に、八菅・日向・大山・丹沢の山林を斗擻する修験者たちが開発したもので、古代・中世にまで遡ることができる。一方、途中の見晴台から南下し二重滝を経由して旧大山寺に至る道は、地元住人や津久井・八王子方面からの信者が利用した道である。

⑫海上ルート：

房総半島や伊豆半島からの大山詣りは陸路よりも海路を利用した方が簡便であった。そのため、前者は上総国富津・笹毛村などから三崎・浦賀・洲崎・野島・金沢・神奈川に、後者は伊豆国下田町、熱海村、相模国真鶴村などから小田原・国府津・須賀に上陸して一路大山を目指した。天保九（一八三八）年には笹毛村からの大山詣りの客を乗せた船頭と地元武蔵国久良岐郡野島浦のはしけ船（上陸用の小舟）を操る船頭との間で、客の上陸方法を巡って争論が発生している（「武蔵国久良岐郡野島浦鈴木家文書」、神奈川県立図書館の「神奈川県郷土資料アーカイブ」を参照）。また、文政一一（一八二八）年には武蔵国久良岐郡金沢の洲崎村と野島浦は上陸する大山詣りの客の配分を巡って激しい分捕り合戦を展開したが、熟談した結果、それぞれが関係している旅人や船についてはお互いに干渉しない、ということで内済している（同前）。

第二節　伊勢原市内の大山道と大山道標

大山道標調査結果から

伊勢原市文化財課から「再発見大山道調査」の団長を委嘱され、二〇〇七年から三年間かけて、市内の歴史解説アドバイザーの方々とともに、市内を通る大山道等の道標悉皆《しっかい》調査を行った。その結果、「大山」「大山道」「大山町道」「大山みち」「大山ミち」「おふやまみち」と刻まれた道標は三九基、その他の行先を示す道標、「日向道」「金井（金目）道」「十日市場（曽屋）道」「荻野道」「八王子道」なども含めると、全体で一一四基を確認することができた。

「大山」「大山道」などの表記をもつ道標は全体で三九基あり、その内訳を示すと、江戸時代で二三基、明治時代で五基、大正時代で一基、不明は一〇基である。その内、市内最古の道標は享保一三（一七二八）年の建立で、市内田中にある耕雲寺（臨済宗）の境内に入ってすぐ左手にある。笠付庚申供養塔《かさつきこうしんくようとう》の正面には青面金剛像《しょうめんこんごうぞう》・三猿《さんえん》像が刻まれ、台座には「相州大住郡田中村　地主　原元右衛門　連中　大山寺　萬善坊（大山別所町御師）」、さらに右面には「右ひなたみち、左　おふや満《ま》みち」と陰刻されている。非常に形状の整った石塔で保存状態も極めて良好である。元はここから約一〇〇メートル東方の渋田川に架かる市米橋《いちこめばし》の左岸にあり、当所は大山道の一筋である矢倉沢往還と東海道柏尾通・戸田通大山道の合流地点のすぐ近くに位置している。隣接する秦野市内での大山道標の初見例は享保二〇年四月で、伊勢原市の場合とほぼ同じ時期に相当する。

道標が建てられた時期は、宝暦・明和・寛政・文化・天保期（一八世紀中頃から一九世紀中頃）が比較的多く、こうした傾向は当該時代の大山に関係した古文書・古記録類からも窺い知られるように、大山信仰が隆盛化した時期とほぼ一致している。道標の形態は四角柱（円柱形は一基のみ）が圧倒的多数（三二基）を占め、ついで庚申塔（一三基）、二十三夜塔（二基）、地蔵尊塔（一基）の順となっている。

大山門前町を登り切って大山山内そのものに足を踏み入れると、道標の表記は一変する。これまでの大山道にとって代わり、山内の重要な箇所を案内する「男坂道」「女坂道」「二重滝道」などの道標が登場する。明治時代以降になると、仏教系よりも神道系の表記の道標が顕著となってくることに気付くであろう。これは明治政府の神仏分離令の影響によるところが大であると考えられる。

道標の大部分は地元で産出された日向石が使用されている。この石材は凝灰質砂岩《ぎょうかいしつさがん》と呼ばれ、長期間にわたって風雨や天日に晒《さら》されると脆《もろ》くなり、表面が浮いて剥落《はくらく》するという特質がある。道標が建てられてからすでに約一五〇年から三〇〇年が経過しており、道標に刻まれた文字は判読が困難な状況下にあったが、かろうじて読み取ることができた。今後、これをどのように維持し保存していくかが大きな課題となってくるであろう。

大山燈籠

これまでは道標について縷述してきたが、大山の例大祭中に限定して設置された大山（石尊）燈籠についても少し言及しておこう。これは大山講中が燈籠を大山道沿いの田圃や村の中心部または鎮守の森の近くに設置するという行事である。四本の青竹で四角を囲い、それに注連縄《しめなわ》を張って聖域を作り、その中心に「石尊様」と称する簡易な燈籠を設置して、地域住人が輪番で引き継いで燈籠に点火するというもので、以前は夏の風物詩の一つとして関東各地で盛んに行われていた。今日ではあまり見かけられなくなってしまったが、伊勢原市内では大山・小稲葉・高森・東大竹地区、神奈川県内では秦野市・平塚市・茅ヶ崎市・寒川町・川崎市、県外では埼玉県上尾市・蓮田市・東松山市・吉見町明秋・嵐山町鎌形、栃木県鹿沼市の一部などにその例が確認されている。大山信仰を如実に物語る年中行事の一つとして、是非とも後世に残して置き、復活させたい文化遺産の一つである。

不動坂（下柏尾）大山燈籠

【付記】

大山道道標の調査結果は、伊勢原市教育委員会編『再発見大山道調査報告書　伊勢原市内の大山道と道標　第二版』（二〇一二）に集約されている。興味・関心をお持ちの方は、ご一読いただければ幸甚である。

第Ⅷ章　石造大山二ノ鳥居の建立と民衆の躍動

二ノ鳥居越しに大山を望む

新史料の発見

小田急小田原線伊勢原駅で下車し、北口バスターミナルから大山ケーブル行のバスに乗りしばらく行くと、東名高速道路手前に〆引という聞き慣れない名前のバス停がある。ここで下車すると、すぐ左手に七五三引《しめひき》神社（〆引・五霊《ごりよう》神社）がある。かつてはここに、大山道標と道路を跨《また》ぐような形で石造の大山二ノ鳥居が建てられていた。しかし、一九六三（昭和三八）年にクレーン車が接触するといった不慮の事故により、鳥居は数片の塊の状態で、長い間無造作に社域内に放置されたままになっていた。こうした惨状を憂慮して、一九九一（平成三）年三月、幕末の嘉永四（一八五一）年にこの鳥居の建立に奔走した発起人山口左司右衛門・世話人山田粂《くめ》右衛門のご子孫にあたる山口匡一《まさいち》・山田恒雄氏らが立ち上がった。その結果、石造の大山二ノ鳥居は東名高速道路下を潜り抜けた約百メートル先の、大山が遠望でき、旧大山道も望める地に見事に移建・復元されて今日に至っている。近くには山口匡一家住宅（国登録有形文化財）内の一角に雨岳《うがく》文庫資料館があり、本章に関係した資料（絵図面・古文書など）の展示物や二ノ鳥居扁額《へんがく》のほか、自由民権関係資料などを見ることができる。

長い間、石造二ノ鳥居の建立経過については不明のままであった。しかし、大山研究を進めていくなかで、幸いなことに最近、山口匡一家文書（雨岳文庫資料ともいう。以下、山口家文書と略す）の柳行李入文書や板戸の長塚マキ家文書（以下、長塚家文書と略す）などから、その全貌をほぼ解明することができる貴重な史料を発見することができた。以下、旧来史料と新発見史料を織り交ぜながら、二ノ鳥居建立に関係した当該社会の地域住人の躍動の有様を再現してみよう。

七五三引とは

二ノ鳥居が建立された地名は上粕屋村の小字七五三引といい、一風変わった呼称で興味をそそられる。早速、常套《じょうとう》手段として国語辞典や漢和辞典を手掛かりに調べてみると、

①「しめひき」と読み、「標引、注連引、七五三引、〆引」とも書く。

②神域または特定の人間の領有地であるため、縄・紙などを張って立入を禁止する。

③藁を左縒《よ》りにして、藁の茎を三筋・五筋・七筋と順次に縒り放して垂らし、その間々に紙四手《かみしで》（細く切った紙）を挟んで下げる。

と記されている。

次に『新編相模國風土記稿』の大住郡の項では「小名、七五三引（之女比喜《しめひき》）」とあり、さらに『神奈川縣皇國地誌殘稿《こうこくちしざんこう》』（明治八〔一八七五〕年布告）では、「石尊華表《かひょう》（鳥居の別称）現今アリ、石造ニシテ高一丈五尺（実際は二尺）、（中略）、字南〆引、東〆引ノ間ナル大山道（四ツ谷通・田村通大山道）中央ニアリ、往古ヨリ大山ヘノ注連《しめ》ト称シ、六月二十七日ヨリ七月十七日マデ、

石尊宮大祭中、此ヨリ内ヘ魚類ヲ厳禁セシト云フ」（括弧内は筆者の注記）と記されている。

以上を簡略にまとめると、「大山二ノ鳥居がある上粕屋村の七五三引から先は大山の神域であることから、江戸時代、大山の例大祭の期間中は、ここから山内に向けて〆縄を張り、村人は勿論、参詣人までもが精進潔斎して大山参詣に臨むことを求められた」ということになる。

嘉永四年の御用留から

私が初めて大山の二ノ鳥居関係文書にめぐり合ったのは、嘉永四（一八五一）年二月四日付の「七五三引石鳥居願書」と、同年一〇月二一日付の「廻章」（廻状・廻文ともいう）を書き留めた御用留（両者とも伊勢原市教育委員会編『伊勢原市文化財調査報告書第八集上粕屋村鵜川隆家文書』所収　一九八五年）である。前者は、相模国大住郡上粕屋村の世話人である名主麻生長左衛門ら五名が、村を代表してこの村の領主である地頭（旗本）間部詮昌《まなべあきしげ》（側用人間部詮房《あきふさ》の弟である詮之《あきゆき》から数えて四代目）に石造二ノ鳥居を建立したい旨を記して提出した願書である。その内容は、従来の木造の鳥居が何年も前から朽ち果てたままなので、最寄りの村々の信心ある者たち（山口左司右衛門ら七名）が発起人となり、大山寺や近隣の村々とも相談して許可を得た上で石鳥居として再建したい、ついては絵図面（作成者は大坂西横堀の石屋源助。山口家文書）を添えて願い出る、というものである。鳥居はその当時、村方で勝手に建立する

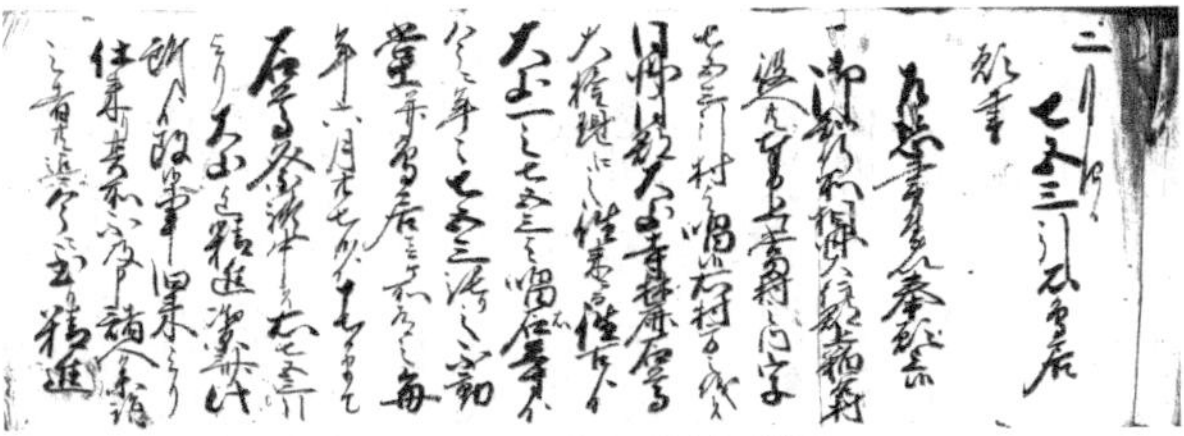

「七五三引石鳥居願書」　伊勢原市教育委員会所蔵

ことは禁止されており、その管轄奉行や領主への申請・許可が必要とされた。大山一ノ鳥居は既述したように東海道四ツ谷通・田村通大山道の入口にあるが、天保九（一八三八）年九月四日付の大庭《おおば》村組頭平左衛門から道中奉行及び江川太郎左衛門御代官所・諏訪龍蔵知行所宛の石鳥居再建の「願書」（藤沢市大庭の中原和雄家文書）が残っている。七五三引の場合は、領主宛の「願書」は確認できたものの、脇往還の管轄奉行である勘定奉行宛の願書は現在のところ確認できていない。しかし、新発見史料の嘉永三年一一月付の山口作助（幼名は隣之助、山口左司右衛門の次男）の手に関わる「萬覺《よろずおぼへ》」（山口家文書）によると、石鳥居建立の件について、地頭間部家の用人である上田八歩作を介して、時の勘定奉行の一人である田部彦十郎に内々に話を入れていることが明らかとなった。

続いて後者（廻章）では、石鳥居の着工も近日となったので、手伝人足数や鳥居建立の勧化金《かんげきん》（寄附金）を徴収して発起人の山口左司右衛門方までお届け願いたい、との連絡が各村の世話人宛に回覧されている。

当時の村人たちは、何故にこの石鳥居の建立に東奔西走したのであろうか。その一つ目の理由としては、大山への入口にあたる東海道藤沢の四ツ谷には、願書提出から二年後の天保一一年に辻堂・大庭村の大山講中によって石造の大山一ノ鳥居が建立されていたことが大きな刺激となっていたと考えられる。二つ目の理由としては、国内においては相次ぐ幕政改革の失敗による政情不安の増大、関東一帯での無宿人の横行による治安の乱れ、一方では米・英軍艦の浦賀への相次ぐ来航・開国要求など、内憂外患《ないゆうがいかん》はますます現実味を帯びてきていたことも考えられる。こうした時代情況下、上粕屋村を中心とした住人たちは、石鳥居の左・右の両柱に「國土安穏」「天下泰平」という二つの文言を刻み込むことによって、このような混迷状態からの脱却を図ろうとしたのではないかと思われる。

鳥居の絵図面・銘などを介して

大山の石造二ノ鳥居の建立過程を解明する手掛かりとしては、新発見の絵図面、山口家文書、そして石鳥居の左・右両柱に刻まれた銘がある。

先ず絵図面では、石材は御影石《みかげいし》（花崗岩《かこうがん》ともいう。色は白色又は淡紅色をしているが、七五三引の鳥居は後者の傾向が強い。伝聞では岡山産万成石《まんなりいし》約一六トン）を選定している。石鳥居の惣高は一丈八尺四寸八分（約五・六メートル。但し、後日、寛政年間に出された御触書の規定により一丈二尺に短縮された）、左・右の両柱廻りは一尺六寸（四八・四八センチメートル）とし、鳥居の下に埋め込まれた根石は、地元の子安村から調達するとしている。

次に実際の鳥居の台座銘からは、鳥居取次商人として江戸日本橋在住の近江商人紅屋定右衛門（紅定）らの斡旋があり、その紹介で大坂西横堀金屋橋東浜の石屋源助らが石材の調達と加工・仕上げを請け負い、彼らの指導の下に地元伊勢原村片町の鳶中《とびちゅう》が鳥居を組み立てたことがわかる。因みに絵図面作成者の石屋源助は、京都府宇治市縣《あがた》神社の狛犬、大阪府藤井寺市道明寺天満宮の神牛像などの銘にその名前を確認でき、上方では名の知れた石工であった。

二ノ鳥居扁額　雨岳文庫所蔵

扁額（額束）銘「石尊大權現」（石材は小松石）は、地頭間部詮昌の主家にあたる間部詮勝《あきかつ》（越前国第七代鯖江《さばえ》藩主、首座老中として大老井伊直弼《なおすけ》らとともに尊攘派を弾圧）が揮毫《きごう》し、江戸神田居住の助右衛門と石屋久蔵がこれを制作した。双竜をあしらった扁額は、復元・再建の際に土中から掘りだされ、かなり破損した状態ではあるが、山口家の雨岳文庫資料館前に現存している。よく観察すると、扁額銘や双竜部分は朱で枠取りしていたことがわかる。さらにまた鳥居の付属物としての敷石は、地元日向村の石工として著名な勝五郎（先祖は信濃国高遠出身）が担当した。

ところで、岡山産万成石はどのようにしてはるばる上粕屋村の七五三引まで搬送されて来たのであろうか。その手掛かりは石鳥居右柱に暗示されている。石柱銘に注目すると、石材の搬送には、西浦賀の「西岸一番組水揚商人」と称される気仙屋長七ら六名と、平塚の須賀の廻船問屋である船主田中庄兵衛ら六名が共同して従事したことも明らかである。前者は東浦賀とともに全国の干鰯商いを独占的に展開している干鰯問屋であり、後者は相模川の左岸の柳島の藤間家と並び称される相模川水運・相模湾・内海を往来する廻船問屋である。

その他、石鳥居に関して留意すべき点は、この寄進者の名前を揮毫した人物が、厚木町出身の斎藤利鐘であるということである。既述のように、彼は渡辺崋山の旅日記である『游相日記』にも登場する厚木の名士で、能書家・寺子屋の師匠としても知られる。彼の名は、近隣の神社・仏閣の扁額や碑文の銘などに数多く登場する。因みに、その子の斎藤七三郎は自由民権家で初代厚木町長を勤めた。

二ノ鳥居建立の経過

石造の鳥居を建立する際に不可欠の課題は、運転資金としての勧化金を如何に徴収するかに懸っている。嘉永三（一八五〇）年一一月、寄進取次役を勤めた伊勢原村菅沼紋次郎・上粕屋村山口左司右衛門らは、昔から大山の霊験があらたかであることを強調し、今度こそは是非とも石造による鳥居の再建を懇望し、「天下泰平」「五穀成就」「萬民快樂」などを祈念したい、という趣旨の「大山御鳥居寄附状」を作成して近隣諸村の住人らに賛同を呼びかけた（山口家文書）。ついで翌年二月四日、麻生長左衛門ら五名は間部詮昌宛に「七五三引石鳥居願書」（既出）を提出し、石鳥居を建立するための許可を求めた。

やがて領主からの認可が下りたらしく、石鳥居の建設工事は同年八月中旬頃から始動した。山口家文書によれば、先ず鳥居建立に必要な足場造り用材として、長さ六間（約一〇・八メートル）・五間・三間位の三種類の皮付き杉丸太、合計六〇本と九寸（約二七センチメートル）位の竹が必要となった。調査したところ、隣村の子安村の観音山から調達することになった。次に重い石を巻き付けて持ち揚げるための重機として神楽栈《かぐらさん》一丁と、その付属品の古綱を江戸で確保することにした。また、鳥居の土台をなす石も子安村から採石することとし、そのために必要な人足は三ノ宮村に割り当て、これにも神楽栈を充当させることにした。これら一連の調達・調整を請け負ったのが地元伊勢原村片町の吉野屋善輔である。

鳥居建立に向けて準備が着々と進むなか、大坂で荷積みされた石材は、西浦賀の問屋商人と須賀の廻船問屋が仕立てた船に乗せられて、九月二七日には無事に浦賀に到着した。それに続

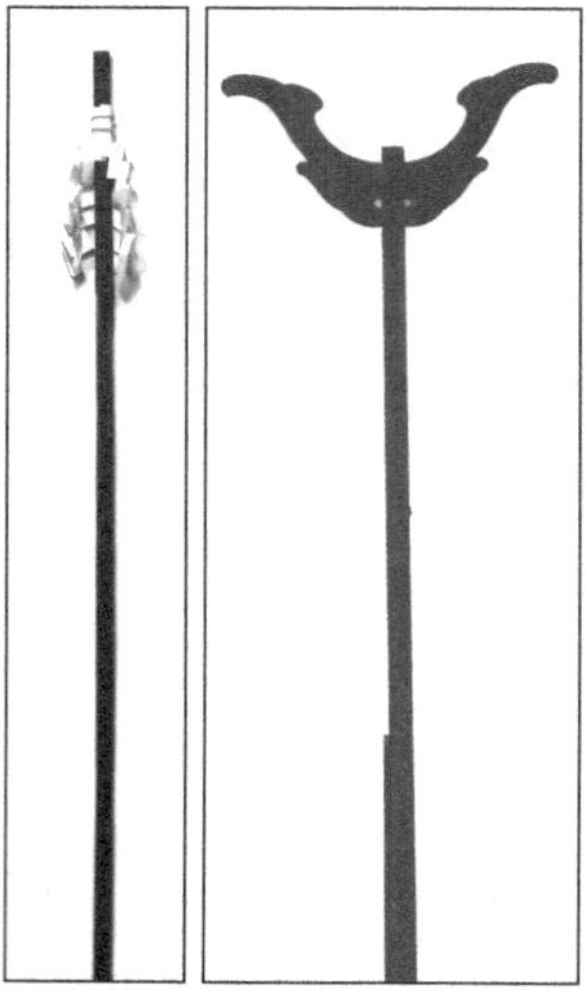

上棟幣（左）と破魔矢（右）
雨岳文庫所蔵

いて、一〇月一七日には大坂の石工源助ら二名も伊勢原に到着した。源助らは鳥居完成までの約四か月間、片町の杉沢金八方に止宿して石鳥居建立の指揮・監督に従事した。その後、石材は相模湾を経由して相模川に入り、一〇月二三日、田村で石材一〇本を陸揚げした。なかなか重くて道中とても難儀をしたこと、石材の運送費は当初一五両とされていたが、船頭と交渉した結果、三両値引きして一二両になったことなどを文書から読み取ることができる。

石工源助らによる直接指揮により、早くも一一月の段階には、石鳥居の左柱の背面に「嘉永四歳辛亥冬十壱月再建」という銘が刻まれるまでに作業は進んだ。残された作業としては、鳥居の台座・周辺部分、並びに鳥居取り付けに関係した付属物の整備だけとなった。一一月一六日には左・右両柱の台座を固める沓石《くついし》（履石）が須賀港に到着し、一二月六日には踏石《ふみいし》が前回同様田村に到着した。翌嘉永五年一月二三日には扁額「石尊大權現」の取り付けに必要な留め金具の注文を厚木町の鍛冶屋に依頼し、完成まであと一歩というところまでできた。そして、同年二月八日、ついに待ちに待った二ノ鳥居の完成を祝う上棟式の日を迎えた。

式当日は、世話人山口左司右衛門ら七名が鳥居前においてそれぞれ一本ずつ上棟幣《ぬさ》を持ち、石工の棟梁である源助は破魔矢《はまや》とともに鳥居の最上部の笠木《かさぎ》の部分に立てる木製の二張の破魔弓を手に取った。式を見守るために、近郷近在からかなりの数の見物人が押し掛けたであろうことは言うまでもないであろう。さらに驚くべきことは、その時に使用した上棟幣七本の内の一本と破魔矢・破魔弓が、山口匡一家の敷地内にある雨岳文庫資料館に保存されていることである。これまで、様々な歴史史料を手掛かりにして歴史事実を紐解いてきたが、これ程までに纏まった史料群が残存している例は稀有であるといえよう。

勧化金の徴収

石鳥居の左・右両柱に刻まれた人数は合計すると一四〇余名に達する。人名が刻まれた者たちは実は最低でも一両以上七両以内の寄進者であること、これ以外に一両未満の寄進者も数多く存在したことも、山口家文書及び長塚家文書によってわかる。特に後者の史料には、寄進者のほぼ全員の寄進額が書き留められており、これによると、総額三二〇両余（現在の金額にして約三二〇〇万円、一両約一〇万円として換算）以上の寄附金が集められたことになる。寄進者の地域は、地元の伊勢原市域は勿論のこと、近隣の厚木・平塚・秦野市域、さらには御影石の輸送に関与した横須賀市の浦賀にまで拡散している。その大半は各村の村役人クラスと思われ、その他は須賀船主・船頭各三名、西浦賀問屋商人六名、伊勢原内外の商人十数名である。大山に関係した鳥居であるから大山御師の仲介があって当然と思われがちだが、御師では大山別所町の萬善坊だけで、寄進額も大山町は上分三町・下分三町、合計六両だけである。このことは大山二ノ鳥居の建立が大山御師の主導ではなく、地元上粕屋村の有力百姓の積極的な発議に基づき、地域内外の幅広い賛同を得ながら組織的に推進されていったことを示している。

石鳥居建立に際しての必要経費は、『二宮尊徳全集　第八巻』の六〇番の八四の「覺」によると、石材の御影石が極上々磨きで九三両程、扁額彫賃が九両余のほか、石材運賃は大坂から浦賀までは御祝儀として先方負担であったが、浦賀から須賀までの運賃は船頭への御祝儀も含めて八両余、さらに須賀から田村までの川舟揚金が一二両余などであった。この外にも、鳥居建立の作業全体を取り仕切った吉野屋善輔に約一八〇両、石材を斡旋した紅屋定右衛門に約一八両、その他仕事師への支払いなどを窺わせる史料が山口家文書に断片的に残存している。

石鳥居のその後

石鳥居完成後、嘉永六（一八五三）・同七年、安政二（一八五五）年と立て続けに三度もの大地震が関東地方を襲った。完成して間もない石鳥居はその激震にもよく耐え、倒壊は免れたが一部破損箇所が生じたらしく、元治元（一八六四）年には修復作業が施された（山口家文書、「元治元子年八月吉日　七五三曳石尊宮御鳥居再建諸扣帳《しょひかえちょう》」）。そして、一九二三（大正一二）年九月一日の関東大震災では持ちこたえられず、とうとう倒壊した。その後、石鳥居は一九二八（昭和三）年に地元民の手によって復元されたが、既述のように一九六三年にクレーン車が鳥居に接触するという不慮の事故によりまたもや倒壊した。その後、しばし無残にも道路脇に放置されたままになっていたが、このままでは危険と判断した県土木事務所の手により一時避難の形で五霊神社内に保管された。そして、建立されてから一四〇年後の一九九一（平成三）年三月、嘉永四年の石鳥居建立の際に活動した世話人役のご子孫らの手により、旧地からやや大山寄りの現在地に移転・復元された。

秦野小蓑毛の石鳥居

上粕屋村の七五三引に石鳥居が建立されてから七年後の安政六（一八五九）年六月、秦野の小蓑毛にも右柱に「天下泰平」、左柱に「國土安穏」の銘をもつ石鳥居が建立された。その目的は七五三引の場合と同様であると思われるが、両者には若干の相異点も見られるので、それらを簡単に列挙して比較・検討してみよう。

石材には伊豆石が使用されていること、世話人御師として秦野の蓑毛の御師である相原仙太

小蓑毛の石鳥居　秦野市提供

夫・根岸政太夫・吉田庄太夫・大正院・大満坊・密正院・千代満坊・円教院ら八名が立ち、また村方の世話人として五分一村（現足柄上郡中井町）、尾尻（二名）・堀・田原・十日市場村（以上の四か村は現秦野市）、土屋・金目村（以上二か村は現平塚市）の名主八名が建立を呼びかけていること、十日市場を中心とした寺院七か寺が参加していること、鳥居寄進者は現秦野・平塚市地域の百姓を中心として現二宮町・開成町・小田原市と現静岡県（駿河国）の百姓若干名が賛同し全体で七五名が連名していること、さらに建立にあたっては信州（現長野県）の石工清兵衛がこれに従事し、書は義山観が揮毫したことなどが挙げられる（『秦野市史民俗調査報告書3　漂泊と定住・御師の村』　秦野市　一九八四年）。

これらの諸点から、小蓑毛の石鳥居は、大山の西の玄関口に当たる蓑毛の大山御師と秦野地域の名主の主導の下に、近隣の寺院がこれに協力する形式を取りつつ、秦野・平塚以西の住人からの寄進によって建立されたことがわかる。扁額は江戸時代までは「石尊大権現」であったと思われるが、現時点では「阿夫利神社」と陽刻されたものが懸けられている。

大山の鳥居

江戸時代の大山の鳥居は全部で一一基ある。その形態は伊勢神宮のような神明鳥居とは異なる明神鳥居である。一ノ鳥居は柏尾通・戸田通大山道の入口の下柏尾と四ツ谷通・田村通大山道の入口の四ツ谷にあった。前者は関東大震災の際に倒壊し、再建されないまま今日に至っている。後者は万治四（一六六一）年に大山道標とともに建立され、最初は木造であったが、紆余曲折を経て天保一一（一八四〇）年に石造で再建されたが、これまた関東大震災で倒壊し、近隣の大山講中などの努力により一九五九（昭和三四）年に再建された。一ノ鳥居の意味合いは当所では下馬を示すといわれている。

既述したように、二ノ鳥居は上粕屋村の七五三引に建立され、当所から神域に入ることを示している。三ノ鳥居は大山の門前町の入口にあり、『新編相模國風土記稿』には、「坂本村小名新町に銅の鳥居あり。之《これ》當山の入口なり」と記されている。町火消のせ組が寄進したことから、「せ組の鳥居」とも呼ばれたりする。四・五・六ノ鳥居は現存せず、七ノ鳥居は旧大山寺（現大山阿夫利神社拝殿）前にあり、八ノ鳥居は常日頃は閉扉されている本坂の登山口の所に建立された。その先の本坂の途中の九・一〇ノ鳥居は現存せず、頂上の前社の入口に最後の一一ノ鳥居が置かれ、ここを通過すると最も聖なる空間と認識され、一切の他言は無用とされた。この外にも山内には鳥居が存在したことが、旅日記・旅案内書や絵図などに散見する。ただ、小田急線伊勢原駅北口にある青銅製の巨大な鳥居は正式の大山鳥居ではなく、一九二七（昭和二）年の小田急線開通と大山ケーブルカー竣工を祝って造られた記念物（モニュメント、一九三一年建立）である。

【付記】

山口匡一家文書（雨岳文庫資料）中の「石造大山二ノ鳥居関係資料（全六三点）」については、釈文・註・大意・解説からなる釈文編と原本史料編の上・下二巻の資料集が発刊されている（NPO法人雨岳文庫を活用する会編集　伊勢原歴史文化遺産活用実行委員会　神奈川県伊勢原市上粕屋八六二の一　二〇一五年）。興味・関心をお持ちの方はご一読いただければ幸甚である。

第Ⅸ章　大山を歩く

大山　伊勢原市提供

第一節　大山の門前町を歩く

一八世紀中期以降になると、江戸及びその周辺の中・下級庶民は講中を組んで、大挙して大山詣りに出掛けるようになった。これらの参詣客を収容するための施設が御師の経営する宿坊である。その結果、伊勢原市側には坂本町以下六町、秦野市側には蓑毛村の大山門前町が誕生した。安政の大火や関東大震災で一時は危機的な状況に陥った時期もあるが、見事に復活して今日に至っている。前者は路線バスで素通りするためあまり注目されない傾向があるが、門前町全体を時間をかけて歩いてみると、実に見所が多いことに気付くであろう。以下、新町辺りから上に位置する大山門前町の史跡を紹介して行こう。

移建された大山道標

伊勢原駅北口から大山ケーブル行のバスに乗り、「子易」で下車して左手に子易諏訪神社を見ながらその先を左折して進むと、広い大山新道に出る。大山に向かって左手前方には、一基の大山道標が立っている。この道標は実は、東海道藤沢宿西方の四ツ谷から右折する四ツ谷通・田村通大山道の入口（四ツ谷不動堂）の所に、石造大山一ノ鳥居とともにあったものである。総高二七九センチメートルに及ぶ堂々とした大山道標で、標柱正面には「是与里《より》右大山みち」、台座には「御蔵前《おくらまえ》」と陰刻されている。建立された年月は、左側に「万治《まんじ》四丑《うし》（一六六一）年正月建立、天保六未《ひつじ》（一八三五）歳正月再建　當所（辻堂村）世話人藤屋平左衛門」とあることから二代目の道標であることが判明する。寄進者は、右側に「淺草御蔵前猿屋町　願主常陸屋權兵衛　同所　天王町　祇園　吉兵衛」とある。また、裏面に仲介者として、大山福永町の御師・逸見民部《へんみみんぶ》（現蓬生亭《よもぎてい》）の名が陰刻されている。

四ツ谷から移建された大山道標

その後、この道標は関東大震災とその余震で二度にわたって倒壊・修繕を繰り返し、二〇〇五（平成一七）年七月一日に新道標が再建されることによって、その歴史的使命を終えたかに思われた。しかし、大きく三折していた古い道標は大山阿夫利神社が譲り受け、接合して復元した後、大山が展望できる現在地に再々建されたのである。

この道標のすぐ傍らには、御柱祭《おんばしらさい》で有名な諏訪神社（長野県）に奉納された御柱も移建されている。これは伊勢原市が長野県茅野《ちの》市と姉妹都市提携をしている関係で贈与されたものである。道標も御柱も直接的には伊勢原市とは関係しないが、このような形で復元・移建されることによって、文化財の保存・保護の意味は十分に果たしているといえよう。

この付近からいよいよ大山門前町に突入するが、子易の大山川に架かる梅原橋を越えた新町には、日本全国各地を測量して「大日本沿海輿地全図《えんかいよち》」を作成した伊能忠敬《いのうただたか》が止宿した成田庄太夫の宿坊（現在は廃業）があった。測量日記によると、忠敬一行は文化八年一一月二八日（一八一一・一・一二）に伊勢原村に入り、板戸・上粕屋・田中・白根・子安と測量を進め、昼休みを庄屋弥右衛門宅で取り、その後、大山町まで測量してその夜は成田庄太夫宅に止宿したとある。

大山川（鈴川）

大山に水源を発し、途中栗原川など五筋の支流を合わせ、平塚市南原《みなみはら》付近で金目川に合流する長さ一四・七二キロメートルの二級河川である。『新編相模國風土記稿』の大住郡の項には、「鈴川、源は大山の溪間《たにま》所々より出る清水一流となり、大山川と称し、串橋村に至り、始て鈴川と名づく（後略）」とあるから、江戸時代には神戸村から上流は大山川と呼ばれていた。急勾配の川で、水源から子易明神付近の標高一〇〇〇メートル地点まで、約五キロメートルに対して約一〇〇〇メートルの落差をもって下る。「スズリ・スズレ」には「急勾配・急傾斜」の意があり、鈴川とは流れが急である川との解釈がある。関東大震災後に山津波に見舞われ、従来の大山川の流路は一変してしまったが、川の左岸に旧参道が一部残っている。

祖霊社と倭舞・巫子舞、大山能

別所町の加寿美《かすみ》（霞）橋を渡り、しばらく先導師の宿坊が立ち並ぶ大山旧参道を登っていくと、向かって右手に大山阿夫利神社社務局（旧八大坊下屋敷）がある。左手には祖霊社が祀られている。実はこの原形は戦前の大山小学校の奉安殿（設計図は伊勢原市所蔵の公文書として残存）で、ここには教育勅語・日の丸・御真影《ごしんえい》などの国家行事執行の際に不可欠の物品が格納されていた。敗戦後、日本を占領したＧＨＱは教育の民主化を推進するため、直ちに皇民化教育の温床とされる奉安殿の撤去・破壊を全国各地の学校に指令したが、神奈川県下では四か所に形を変えて残っている。

秋季例大祭の一日、社務局において阿夫利神社の神楽舞として神前に奉納される倭舞・巫子舞は、当時寒川神社に赴任中の富田光美から、権田直助が孫の一作を弟子入りさせて直々に伝習させたものである。倭舞一一曲・巫子舞九曲から構成され、明治一一（一八七八）年の祭典の際に初めて奉納された。その後、一九五三（昭和二八）年に神奈川県無形民俗文化財に指定された。

社務局の右手には、大山薪能・狂言が演じられる能楽堂清岳殿が池上に張り出すように構えられている。大山能の発祥は、大山寺第六代別当開蔵が山内の融和策の一貫として、紀伊国出身の牢人貴志（喜志・岸）源次郎（後に改名して又七郎）を大山へ招聘し、門前町の御師らに能の伝習をさせたのが始まりとされる。その後、元禄一六（一七〇三）年に幕府から演能の許可が下り、神事能として興行され今日に至っている。毎年一〇月初旬に二日間にわたって清岳殿で大山薪能・狂言として行われる。一九七八（昭和五三）年に伊勢原市無形民俗文化財に指定された。

さらに、清岳殿の右手には海舟神社が祀られている。この神社が当地にある所以《ゆえん》は、大山を厚く信仰していた勝惟寅《これとら》（小吉《こきち》）・海舟父子と権田直助は常日頃から親交関係にあり、道路拡張工事で海舟の別荘洗足軒（現東京都大田区洗足池畔）内にある祠をどこに移設したらよいか苦慮していることを先代の阿夫利神社宮司が聞き、戦後ここへ遷座させることを受諾するとともに、神社としての神格を付与したことによるという。

二基の道標と大滝

社務局から出てバス通りに通じる橋を渡り切った左手の一角に、嘉永元（一八四八）年秋に建立された六角形の珍しい大山道標（標高九七センチメートル）がある。風雨に晒された上、苔や黴が付着していて判読は難しい。正面は境界領域によく登場する「佐留多飛古命《さるたひこのみこと》」、側面は「田はら（田原）へ　二里、十日市場へ　二里」、「いひづみ（飯泉）へ　五里、おたはら（小田原）へ　六里」、「やくらさは（矢倉沢）へ　六里、道了權現《どうりようごんげん》（最乗寺）へ　七里」、「岡田伊太夫（福永町御師）、阿伽井坊《あかいぼう》（同）、和田靭負《ゆげひ》（同）、原田平太夫（稲荷町御師）」「神崎富太夫（福永町御師）」といった銘文（括弧内は筆者記入）をかろうじて読み取ることができる。

六角形の大山道標

これによって、この道標は、西方から大山にやってくる参拝者に距離を明示して便宜を図った道標であることがわかる。

　また、道を挟んで真向かいの現たけだ旅館の入口の右側には、「享和《きようわ》元辛《かのと》酉《とり》（一八〇一）年建立、慶應紀元乙丑《きのとうし》（一八六五）年再建　武田光純代」と陰刻された四角柱の道標(標高一一八センチメートル)がある。正面は「身禊《みそぎ》　大瀧」、右側面は「是より小田原道」と陰刻されている。古老の話によると、この道標、元は大山川を渡った社務局側にあったという。

大滝は「禊ぎ(垢離取)の滝」として知られ、高さは三丈余(約九メートル余)もあった。大山の旅案内書・旅日記や歌川国芳などの浮世絵にもしばしば登場する有名な滝で、たけだ旅館の祖にあたる別所町の御師・瀧淵坊が代々管理していた。滝はたけだ旅館の角を川沿いに山中を七分ほど進んだ先にあり、二〇一二年、伊勢原市が改修工事を行って見事に復活した。

愛宕社と愛宕滝

旧参道が合流する手前右に愛宕社と愛宕滝がある。『伊勢原の民俗―大山地区―』(伊勢原市史編集委員会編　伊勢原市　一九九〇年)には、大山六町内の鎮守社《ちんじゅしゃ》に相当する神社は、新町「水元稲荷社」、別所町「井上稲荷社」、福永町「愛宕神社(松尾《まつのお》神社併祀《へいし》)」、開山町「諏訪神社」、稲荷町「通力五社《つうりきごしゃ》稲荷神社」、坂本町「根之神社」とある。『新編相模國風土記稿』の坂本村の項に、「愛宕社　享保元(一七一六)年の勧請なり、例祭七月二十四日、師職願成坊《ししょくがんじょうぼう》(福永町・城源坊とも、本坊三六坊の一つ)持　末社　松尾」とある。境内の碑銘に「旧参道にあるこの愛宕滝は山内七(六)滝の一つであり、江戸時代より大山詣りの人々が参拝前に身を清めるみそぎの滝であった。ここには、この一帯の鎮守でもあり、滝の守護神でもある愛宕社、松尾社が祀られている」と刻まれている。滝の右手の崖の中腹には、雨乞いとも関係の深い、剣を呑みこんだ倶利迦羅竜王の石造物（現存）がある。

不動明王石仏

不動明王石仏

開山町「遠州屋酒店」の向かいに小社があり、不動明王の石仏が祀られている。中央に不動明王、左・右に矜羯《こんが》羅《ら》・制吒迦《せいたか》の両童子を配し、頭上に不動明王を表す梵字カンマンを刻んでいる。銘文は右面に「明和二（一七六五）年乙酉《きのととり》六月吉日」、左面に「伊皿子《いさらご》若者中松田与兵衛」と刻す。銘文中の伊皿子とは、現在の東京都港区三田四丁目～高輪二丁目周辺の地名で、現在でも伊皿子坂という名が残っている。名称の由来は、明国人の「伊皿子《インペイス》」が住んでいたからとか、大仏《おさらぎ》の訛りで「いいさらふ」の変化したものなどの諸説がある。

権田公園

良弁滝の手前を右に折れると、権田直助ゆかりの権田公園がある。権田の墓は、赤松山の麓にあり、諡号《しごう》は「可美眞道千知大人《かみのまみちせんちうし》」と命名された。この上手には大山町の墓地があり、神仏混淆の墓地が混在している。閑寂で落ち着いた雰囲気が漂う当地は、新緑と紅葉の季節は絶景である。さらに、公園内には、「大山観世《かんぜ》」の名跡を遺した大山能の始祖、貴志又七郎の墓もある。

開山堂と良弁滝

良弁滝の傍らには、良弁四三歳の時の像と猿が金鷲童子（赤子の良弁）を抱いた像（『新編相模國風土記稿』巻之五十一　村里部　大住郡巻之十に模写図あり）、良弁の母親と目される姥大日如来像《うばだいにちにょらいぞう》の三つの像を納めた開山堂のほか、管狐《くだぎつね》姿を表現した黄金の飯綱権現像《いづなごんげん》を安置した御堂が建ち並んでいる。江戸時代以降、当所は天台修験の藤之坊《ふじのぼう》と呼ばれる開山町の御師が滝周辺の管理を一任されており、現在はその末裔のかめ井旅館がそれを継承している。

良弁滝は大山寺の開山とされる良弁が大山に入山し、最初に荒行の水行を行ったとされる滝である。高さ一丈三尺（約四メートル）で、江戸時代に葛飾北斎・初代歌川広重・歌川貞秀などの浮世絵版画にたびたび取り上げられ、多くの庶民が滝壺に入り喧噪の中で千垢離を取っている光景が描かれている。

良弁滝

諏訪社と塞神三柱石塔

豆腐坂を登る途中の左手に諏訪社がある。『新編相模國風土記稿』の坂本村の項に、諏訪社は開山町の鎮守で、永仁三（一二九五）年に勧請され、本地仏《ほんじぶつ》は薬師如来と記されている。例祭は七月二七日で、「此日社地に於いて、青茅《ちがや》を結び、諸神に備ふ、是《これ》大山寺起立以来の旧例と云傳《いひつた》ふ」とある。しかし、この例祭がいつ頃から行われなくなったかは詳らかではない。社域内には庚申塔、道祖神塔、陽石と共に塞神三柱石塔《さえのかみさんはしらせきとう》が祀られている。塞神三柱とは『古事記』・『日本書紀』に出てくる衝立船戸神《つきたてふなどのかみ》・八衢比古《やちまたひこ》・八衢比売《やちまたひめ》で、厄《やく》神《じん》や疫病が村に侵入してくるのを防ぐ境界守護の神々である。

茶湯寺

こま参道の石塔を目印に左へ折れ、橋を渡って石段を上がると茶湯寺がある。茶湯寺は大山の稲荷町にある浄土宗誓正山《せいしょうざん》茶湯殿《ちゃとうでん》涅槃寺《ねはんじ》の通称で、当寺の本尊は釈迦涅槃像（元は阿弥陀如来像）である。当寺へ人の死後百一日目に当たる日（百日目ともいわれる）にお参りして茶湯供養（追善供養）を行えば、その帰途に亡くなった人とそっくりな人に巡り会えると信じられ、現在でも多くの参拝者が訪れるという。境内には地蔵菩薩像や三三体の観音菩薩像などの死者供養のための石仏が立ち並び、さらに江戸時代中期の浄土宗の高僧である徳本上人《とくほんしょうにん》の独特の筆致で知られる六字名号塔《みょうごうとう》（「南無阿彌陀佛」）が立っている。本尊は釈迦が入滅した時の姿を肖像化した等身大の秀作で、一九七七（昭和五二）年に伊勢原市重要文化財に指定された。

第二節　大山山内を歩く

雨降山大山寺

茶湯供養で有名な茶湯寺を後にして一〇分ほどこま参道を登って行くと、右手前方に大山ケーブル駅が見えてくる。本書では文明の利器であるケーブルカーを利用せず、全行程を徒歩で踏破することにする。直進して少し登ると前不動（現追分社・八《やつ(や)》意《ごころ》思《おもい》兼《かね》神社）に至る。ここで参道は二手に分かれ、左手に進めば比較的緩やかな女坂、右手に向かえば急峻な男坂となる。現在の男坂は見所が少ないので、女坂を登坂することにする。

紅葉橋を渡ると、突き当たりに大きな地蔵坐像（子育地蔵）がある。その先には、弘法大師（空海）が素手《すで》で一夜の内に彫造したと言い伝わる「爪切《つめき》り地蔵」と呼ばれる珍しい巨大な磨崖仏が鎮座している。さらに登れば、樹木の幹が上部にいくほど太くなるという逆《さか》さ菩提樹などに至る。これらは何れも「女坂の七不思議」の一つに数え上げられている。逆さ菩提樹の真向かいに古風な寺院があるが、これが現追分社の所にあった前不動堂で、明治の廃仏毀釈運動の煽《あお》りを受けて現在地に移されたものである。扁額からは「前不動明王」の文字がかすかに読み取れる。ここから少し登れば、いよいよ大山寺である。それ以前にはここに来迎院という寺があり、旧大山寺は明治維新政府による神仏分離令が発令・施行されるまでは現大山阿夫利神社下社（拝殿）の所にあった。その証左として、下社の周辺には大屋根を支えた柱の礎石がいくつか残存している。

『大山寺縁起』では、当寺は東大寺初代別当良弁が天平勝宝七（七五五）年に開創し、聖武天皇が国家の安泰を祈願した勅願寺であると伝える。鎌倉時代の文永年間（一二六四～七五）、東寺五重塔大勧進職として鎌倉に下向した願行房憲静は、大山寺の再興を発願《ほつがん》して鉄鋳の不動明王像大小二体と脇侍の二童子像を造立した。前者の一体は大山寺の本尊で、もう一体は「試みの不動」（県重文）と呼ばれて鎌倉の大楽寺《だいらくじ》（憲静の創建。明治初期に廃寺となり、その後は憲静の弟子、智海心慧《ちかいしんえ》が開山である覚園寺《かくおんじ》へ移座）に安置された。

　大山寺鉄鋳不動明王坐像（約九八センチメートル）は髪を束ねて左肩に垂らすようにし、両眼をカッと見開き、上歯で下唇を噛み締め、右手に剣、左手に羂索を握りしめて結跏趺坐《けっかふざ》している。吊り上がった眉、張り出した顎には力強さが感じられるとともに、胸部や腹部には膨張感が満ち溢れている。また、肩幅を広く取り、右手は肘を外に張り出し、左手は肘先を外に伸ばし、結跏趺坐した脚部も左右に広がりをもたせているので、安定感・重量感が保たれ威風堂々としている。一方、脇侍の二童子像は忿怒の形相をした制吒迦童子と温和な顔立ちの矜羯羅童子で武器を持って左右に立っている。また、大山寺には木造大黒天立像や木造賓頭盧尊者《びんずるそんじゃ》坐像などがあるが、両者は江戸時代末期の鎌倉仏師後藤齋宮《いつき》慶明・鎌太郎父子の造立したものである。このほか、寺の左手には、寛政七（一七九五）年に江戸の庶民の勧化・寄進によって建立された巨大な青銅製の宝篋印塔（約一一メートル）がある。勧進元は大山一二坊の一つである広徳院の憲海で、製作者は江戸の鋳物師西村和泉守藤原政時（第Ⅲ章第一節を参照）である。明治維新期の神仏分離で一時解体されたが、一九一四（大正三）年に有志の先導師らの手によって再建され、今度は関東大震災で倒壊したが、その後再建されて今日に至っている。新緑・紅葉の時期の大山寺の景観は素晴らしく、ごく最近、ミシュラン・グリーンガイド・ジャポンにも掲載されている。

大山阿夫利神社

大山寺を後にして三〇分ほど登って行くと、男坂と合流する。そのすぐ右手前方に平場があり、現在は東屋が建てられている辺りが別当・八大坊の旧跡（八大坊上屋敷）である。さらに登ると二軒の茶店がある広場に出るが、江戸時代にはこの周辺に別当を支える一一坊が散在していた。右折して約一〇分で「雨乞いの滝」として知られる二重滝に至る。当所は大山の守護神である震蛇大王が良弁に慈雨をもたらすことを誓約した神仏習合・本地垂迹の原点に当たる聖地である。『新編相模國風土記稿』によると、この滝は二段から成り、上段は高さ三丈六尺（約一一メートル弱）、下段は四丈四尺（約一三メートル強）で、「雨乞いの滝」と称され、雨乞いに来た人はここで神水を貰い受けたら途中一度も立ち止まることなく帰還したという。当所でも大滝・良弁滝同様に千垢離が行われたとする言説をよく耳にするが、俗説に過ぎない。さらに先に進めば見晴台・九十九《くじゅうく》曲《まが》りを経て石雲寺《せきうんじ》・浄発願寺《じょうほつがんじ》・日向薬師に通じる。

手前の階段を登って行けば阿夫利神社下社に至る。江戸時代までは当所に大山寺があり、男性の通常の参拝はここまでとされたが、例大祭が行われている二〇日間に限って頂上までの登拝が認められた。社域内には様々な歴史的建造物が散在している。正面の下社拝殿では大山山頂に鎮座する大山祇神・大雷神・高龗神の三神をここで礼拝したり、祝詞・宣命の奏上や神符・お守りなどの授与が行われる。拝殿地下には二重滝の上方からの湧水を引水した「御神泉」と呼ばれる清水が湧出している池がある。地下通路の壁には大山詣りを象徴する巨大な納め太刀が展示されている。

　拝殿左手前には、明治初期に大山の大改革を断行したことで知られる国学者の権田直助像がある。また、拝殿左手横には、大山の大山祇神（男神）とセットで語られる富士山の木花咲耶《このはなさくや》姫《ひめ》と磐長姫《いわながひめ》（女神）を祀った浅間神社が勧請されている。この二神は大山祇神と父娘の関係にあり、片方だけお詣りすることは「片詣り」といって忌み嫌われていた。その隣りには豆腐を大好物とした芥川賞作家の長谷健を供養した豆腐塚のほか、疎開児童に関わる「輝け杉の子像」（製作者は圓鍔元規《えんつばもとのり》で、彫刻家圓鍔勝三の長男）がある。このすぐ先に八ノ鳥居・登拝門があり、いよいよここから大山の山頂を目指すことになる。登頂せずにまっすぐ西に進み、「かごや道」を利用すれば、頂上から下ってくる「御拝殿道」との合流地点を少しばかり下った所に、「従《これ》是《より》女人禁制《にょにんきんぜい》」と「御師逸見民部　奉納者御藏前武藏屋德明」と陰刻された弘化二（一八四五）年建立の女人禁制碑（約一・五メートル）がある。この道は秦野の蓑毛に通じ、さらに西に延伸していることから、蓑毛道・富士（不二）道・小田原道とも呼ばれている。

　阿夫利神社本社は登拝門から約九〇分ほど急坂を登った大山の山頂にあり、この間の参道を本坂という。山頂部には大山祇神・大雷神・高龗神の三神が祀られ、江戸時代までは石尊大権現・大天狗社・小天狗社と呼ばれていた。頂上からの眺望は絶景で、ほぼ正面に江ノ島、西に伊豆半島・真鶴半島、東に三浦半島・房総半島、裏に富士山が一望できる。藤沢の教育家・思想家、耕余塾の創設者として著名な小笠原東陽は、『游相日記』（文人画家・蘭学者渡辺崋山にも同名の紀行文がある）の中で、「右ハ富士・箱根・足柄ヲ望ミ、左スレバ則チ蒼海《そうかい》渺茫、白帆衆峯ノ頂ヲ摩シテ往來ス、眞ニ絶景ナリ」と思わず嘆声の声を挙げている。

大山独楽

大山の木工細工の一つに大山独楽がある。江戸時代中期頃より、大山詣りの土産物として珍重されてきた。独楽は〝よくまわす〟との譬えから、家内安全・商売繁盛・開運・知恵獲得などを祈念して製造された。形が整い重量感あふれる独特のスタイルは、遊具としてだけではなく、室内装飾品としても、古くから多くの人びとに幅広く親しまれている。

　原木の大半はミズキが用いられ、乾燥・木取り加工・ろくろ加工・絵付けの四工程を経て、独楽は製造される。以下、その手順を簡略に記してみよう。

大山独楽　神奈川県提供

一〇〜一一月に伐採された原木は、鎌と手斧で皮剥《かわはぎ》されて、約一年間にわたって通気や水はけのよい所に置かれて自然乾燥をまつ。独楽の出来具合の成否は、この乾燥具合に大きく左右されるといわれ、これによって木口割れやミズキの変色防止が可能となり、木肌が保有されるといわれている。

次に乾燥材としての木取り加工にとりかかり、横挽き用の手鋸《てのこ》で、節・こぶ・割れ目を避けながら用材を輪切り寸断する作業に入る。これを玉切りという。その後、打ち抜き刃物を用いて穴を空け、独楽の台部と芯部とをそろえるための作業にとりかかり、これが終了すると、独楽の台部下面の傾斜面を荒削る押し切りという作業を行う。

続いてろくろ加工に入り、ろくろを利用して独楽の台部の中心に芯穴をあけ、次に芯抜きした部分に芯を木槌で打ち込む芯入れ作業を経て、外形全体にわたる最終仕上げ加工としての〝ならし〟とくさによる研磨を行う。

残された作業は紫色の染料を用いた側面彩色と、藍色と紅色の染料を用いての太線と細線とを交互に配した上面絵付けがあり、締め括りとして落色防止と艶出し効果を高めるためのろう挽きをもって完成となる。

このように、大山独楽の製造は、歴史的伝統工芸技術の高さ・確かさ、職人の民具への並々ならぬ愛情と弛《たゆ》まぬ努力に支えられて脈々と伝承されているが、今日ではこの技を伝承できる工匠は四人となってしまった。

おわりに

一介の高校教師として神奈川県に赴任したのを機に、研究対象を大山信仰の研究に転換した。古文書・古記録の解読を基本として、伊勢原・大山関係史料などを市民とともに、時間をかけて読み込んできた。特に三四年間継続してきている大山公民館夏季講座は、私にとって従来の大山信仰の研究を検証し、再構築する上で絶好の場となった。それ故、本書で取り上げた全ての論考は、この講座の副産物といっても過言ではない。

この講座は大山の概説から始まった。さらに継続してほしいとの要請を受け、受講者の関心が湧きそうな大山関係の滑稽本、続いて古川柳などを扱った。その間に、大山寺供僧、養智院前住心蔵の大著『大山不動霊験記』全一五巻の存在が明らかとなり、その中の大住郡伊勢原に関係した霊験譚だけを抽出して扱った。その後、全巻を読みたいとの受講者からの要望に応え、一年一巻を目標にして、実に足掛け一三年かけて読了することができた。この史料は大山信仰の根幹をなすもので、後世に是非とも残したいと考え、全一五巻のデータ入力に取り組んだ。その結果、神奈川県立図書館のご配慮をいただき、ごく最近、「神奈川県郷土資料アーカイブ」

にアップしていただいたことは私にとって僥倖《ぎょうこう》である。今後も順次大山関係史料を公開していく予定である。

次に取り上げたのは、『大山寺縁起絵巻　上・下巻』（平塚市博物館本）である。この絵巻はあまり周知されているとはいえないので、正確かつ厳密に釈文を取り、註と逐語訳も施し、縁起全体の内容をわかりやすく理解できるように配慮した。その後、夏季講座は大山旅案内書・旅日記へと向かい、華坊兵蔵著『相州大山参詣獨案内道の記』、玉餘道人著『相州大山順路之記』、坂本栄昌著『雨降山乃記』と未だ活字化されていない大山関係史料の解読・解説まで手掛けることができた。

大山は安政期の大火、大正期の関東大地震に見舞われ、数多くの貴重な史料が失われてしまった。それ故、大山の論考は、外部や周辺部に残存している断片的な史料を丁寧に収集して論を構築して行くしかない。それにも関わらず、大山に限定して語っても語り尽くせない山、それが大山である。私自身にとっても、未着手の史料は今尚かなり残存しており、本書はその第一歩にしか過ぎないと認識している。このことからも、大山が如何に奥行の深い山であるかがお分かりいただけるのではないかと思う。

昨年一月、長年にわたる大山の諸論考を集成して、山川出版社から『相州大山信仰の底流通史・縁起・霊験譚・旅日記などを介して』を上梓《じょうし》することができた。この度、引き続いて有隣堂から有隣新書の一冊として『大山詣り』を出版していただくことになったのは、私にとってまさに望外の喜びといえよう。

さらに末筆で恐縮至極ではあるが、拙著を上梓するに当たり、史料提供をご快諾していただいた国立国会図書館・同公文書館・東京国立博物館・宮内庁書陵部・神奈川県立図書館・同公文書館・同金沢文庫・伊勢原市教育委員会・山口匡一氏・中里榮子氏・手中道子氏・箱﨑周子氏・故藤間雄蔵氏にも、この場を借りて謝意を表したいと思う。

二〇一七年三月一二日　古稀を迎える日に

川島敏郎

【大山関係の主な参考文献一覧】

安藤幻怪坊編『川柳　大山みやげ』坂本書店　一九二七年

小島瓔禮《よしゆき》『神奈川県語り物資料―相模大山縁起　上・下』神奈川県教育委員会　一九七〇・一九七一年

石野瑛《あきら》『武相叢書第三集　相模大山縁起及文書』復刻版　名著出版　一九七三年

伊勢原市教育委員会編『伊勢原市内社寺縁起集』一九七三年

根本行道『相模大山と古川柳』東峰書房　一九六九年

五来重「相模大山の歴史と信仰」『宗教民俗集成一　修験道の歴史と旅』角川書店　一九九五年

松本信道「漆部直伊波と染屋時忠―良弁伝研究の一助として―」『秦野市史研究』第二号　一九八二年

五来重編『修験道史料集一』名著出版　一九八三年

雨降山大山寺編『大山寺縁起』一九八四年

世田谷区立郷土資料館編『特別展　大山道と大山信仰』一九八五年

大山阿夫利神社編『相模大山街道』一九八七年

朝野六郎『大山道を歩く』私家版　一九八七年

平塚市博物館編『大山の信仰と歴史』一九八七年

有賀密夫『大山門前町の地理的研究』私家版　一九八九年

伊勢原市史編集委員会編『伊勢原市史　資料編　大山・続大山』一九九二・一九九四年

圭室文雄編『民衆宗教史叢書第二二巻　大山信仰』雄山閣　一九九二年
佐伯英里子「大山寺縁起絵巻小考」『平塚市文化財調査報告書』第三一集　一九九六年
内海弁次『相州大山』かなしん出版　一九九六年
松岡俊「相模大山寺の『取次』制度の構造―媒介する宗教者の取次をめぐって―」『秦野市史研究』第一六号　一九九六年
伊勢原市教育委員会編『伊勢原の仏像』二〇〇〇年
池上真由美『江戸庶民の信仰と行楽』同成社　二〇〇二年
城川隆生『丹沢の行者道を歩く』白山書房　二〇〇五年
原淳一郎『近世寺社参詣の研究』思文閣出版　二〇〇七年
原淳一郎『江戸の寺社めぐり　鎌倉・江ノ島・お伊勢さん』吉川弘文館　二〇一一年
中平龍二郎『キャーッ!　大山街道!!』風人社　二〇一一年
伊勢原市教育委員会編『伊勢原市内の大山道と道標　第二版』二〇一二年
宮崎武雄『相州大山　今昔史跡めぐり』風人社　二〇一三年
鈴木正崇『中公新書二三一〇　山岳信仰』中央公論新社　二〇一五年
川島敏郎『相州大山信仰の底流　通史・縁起・霊験譚・旅日記などを介して』山川出版社　二〇一六年

大山詣り
平成二十九年四月二十五日　第一刷発行
令和七年五月二十三日　　　第四刷発行
著者　川島敏郎

発行者――松信　健太郎
発行所――株式会社　有隣堂
本　社　横浜市中区伊勢佐木町一―四―一　郵便番号二三一―八六二三
出版部　横浜市戸塚区品濃町八八一―一六　郵便番号二四四―八五八五
電話〇四五―八二五―五五六三
印刷――大日本印刷株式会社

ISBN978-4-89660-223-4 C0221

定価はカバーに表示してあります。
落丁・乱丁はお取り替えいたします。

デザイン原案＝村上善男

有隣新書刊行のことば

国土がせまく人口の多いわが国においては、近来、交通、情報伝達手段がめざましく発達したためもあって、地方の人々の中央志向の傾向がますます強まっている。その結果、特色ある地方文化は、急速に浸蝕され、文化の均質化がいちじるしく進みつつある。その及ぶところ、生活意識、生活様式のみにとどまらず、政治、経済、社会、文化などのすべての分野で中央集権化が進み、生活の基盤であるはずの地域社会における連帯感が日に日に薄れ、孤独感が深まって行く。われわれは、このような状況のもとでこそ、社会の基礎的単位であるコミュニティの果たすべき役割を再認識するとともに、豊かで多様性に富む地方文化の維持発展に努めたいと思う。

古来の相模、武蔵の地を占める神奈川県は、中世にあっては、鎌倉が幕府政治の中心地となり、近代においては、横浜が開港場として西洋文化の窓口となるなど、日本史の流れの中でかずかずのスポットライトを浴びた。

有隣新書は、これらの個々の歴史的事象や、人間と自然とのかかわり合い、ときには、現代の地域社会が直面しつつある諸問題をとりあげながらも、広く全国的視野、普遍的観点から、時流におもねることなく地道に考え直し、人知の新しい地平線を望もうとする読者に日々の糧を贈ることを目的として企画された。

古人も言った、「徳は孤ならず必ず隣有り」と。有隣堂の社名は、この聖賢の言葉に由来する。われわれは、著者と読者の間に新しい知的チャンネルの生まれることを信じて、この辞句を冠した新書を刊行する。

一九七六年七月十日

有隣堂